AF319643

NOUVEAU MANUEL

DE LA

GARDE NATIONALE

SÉDENTAIRE

CONTENANT

Les lois du 10 août 1870, 15 mars,
20 mai et 12 juin 1851,

L'ÉCOLE DU SOLDAT, L'ÉCOLE DE PELOTON,

L'ESCRIME A LA BAIONNETTE,

La manœuvre du fusil Chassepot, du fusil dit
à Tabatière et du fusil à Percussion.

LIMOGES

BARBOU FRÈRES, IMPR.-LIBRAIRES.

1870

MANUEL

DE LA

GARDE NATIONALE

SÉDENTAIRE.

—

SÉANCE
DU CORPS LÉGISLATIF
du 10 août 1870.

Art. 1er. La garde nationale est rétablie dans tous les départements (Adopté).

Art. 2. Il sera procédé immédiatement à sa réorganisation, conformément aux dispositions de la loi des 8 avril, 23 mai et 13 juin 1851.

Toutefois, l'organisation des bataillons actuellement existants est maintenue pendant la durée de la guerre.

Pendant le même temps, les officiers élus seront choisis parmi les anciens militaires. (Adopté).

Art. 3 La distribution des armes sera faite d'abord aux gardes nationales des départements envahis, des villes mises en état de défense et des communes des départements déclarés en état de siége.

1.

Les anciens militaires seront les premiers enrôlés et armés. (Adopté).

Art. 4 Les gardes nationaux blessés dans l'accomplissement de leur service, leurs veuves et leurs enfants auront droit aux secours et récompenses déterminés par les lois spéciales votées en faveur des soldats des armées de terre et de mer et des bataillons de garde nationale mobile. (Adopté).

Art. 5. Un crédit provisoire de 50 millions est ouvert au ministère de l'intérieur et au ministère de la guerre pour faire face aux dépenses qu'entrainera l'organisation des gardes nationales de France. (Adopté.)

L'ensemble du projet est ensuite adopté à l'unanimité de 270 votants. (Applaudissements).

CIRCULAIRE

Du ministre de l'intérieur adressée aux préfets des départements sur la réorganisation des gardes nationales sédentaires.

Paris, le 13 août 1870.

Monsieur le préfet, la loi du 10 août sur les gardes nationales sédentaires doit recevoir une exécution immédiate. Sauf des dispositions transitoires, elle remet en vigueur la loi du 13 juin 1851.

Je me bornerai à vous indiquer ici les principales mesures dont l'application vous est confiée.

§ 1er.—*Composition de la garde nationale sédentaire.* — La garde nationale comprend à la fois le service ordinaire et la réserve.

Dans le service ordinaire sont compris les hommes âgés de 21 ans révolus, ayant depuis un an leur domicile dans la commune.

La réserve comprend les hommes qui ont moins de 21 ans, ou moins d'une année de domicile, ceux pour lesquels le service habituel serait une charge trop onéreuse, et certaines catégories d'agents préposés à des services actifs déterminés par l'art. 14 de la loi de 1851.

La présente instruction traitera seulement du service ordinaire.

§ 2. — *Inscriptions des gardes nationaux.* — L'inscription sur les contrôles de la garde nationale, la répartition des gardes nationaux entre les services ordinaires et la réserve, leur classement entre les compagnies et l'appréciation des causes de dispense sont faits par les conseils de recensement.(Art. 20).

§ 3. — *Conseil de recensement.* — Dans chaque commune, le nombre des membres de ces conseils est égal à celui des conseils municipaux. Ils sont choisis, moitié sur la désignation et dans le sein du conseil municipal, moitié par le sous-préfet parmi les citoyens aptes au service ordinaire. La présidence appartient au maire. (Art. 21).

§ 4. — *Formation des corps.* — Dans les circonstances actuelles, l'essentiel est de procéder rapidement. Il suffira donc de former des compagnies ou des bataillons. L'organisation en légions pourra être ajournée. S'il y a lieu, les compagnies communales seront réunies en bataillons cantonaux (1).

En les formant, les conseils de recensement devront se préoccuper surtout du choix des citoyens qui y seront appelés. Ce qu'il faut avant tout, c'est de réunir des hommes solides, prêts à la résistance et habitués au tir et au maniement des armes. Les anciens militaires devront être préférés. (Art. 3, § 2 de la loi du 10 août 1870).

§ 5. — *De l'élection aux grades.* — Aux termes de la loi du 2 août courant, les officiers sont nommés à l'élection. Ils ne peuvent être choisis que parmi d'anciens militaires. Cependant, en vertu d'une disposition transitoire, les corps dès à présent existants conserveront leur organisation et leurs officiers actuels.

L'élection a lieu par tous les gardes nationaux portés sur les contrôles, sous la

(1) Consulter, au besoin, le décret du 6 octobre 1851 sur l'organisation des corps de gardes nationales et la composition de leurs cadres.

présidence du maire, assisté de deux membres du conseil de recensement. Les chefs de bataillon et le porte-drapeau sont élus par tous les officiers du bataillon et par un nombre égal de délégués nommés dans chaque compagnie.

L'élection des officiers, sous-officiers et caporaux de compagnies n'est valable qu'autant que le tiers au moins des gardes nationaux inscrits y a pris part. L'élection des capitaines a lieu successivement pour chaque emploi au scrutin individuel et secret et à la majorité absolue des suffrages. S'il y a dans les compagnies plusieurs lieutenants et sous-lieutenants, ils sont élus au scrutin de liste.

Les sergents majors et les fourriers sont élus sur bulletin individuel; les sergents et caporaux sur bulletin de liste.

Dans tous les cas, l'élection a lieu à la majorité relative.

Les chirurgiens, aides-majors et autres officiers de santé sont, comme les majors et adjudants-majors, nommés par décret. Vu l'urgence, vous les nommerez provisoirement, sauf ratification. (Section V de la loi de 1851).

§ 6. — *Uniforme*. — L'uniforme devra être conçu de la manière la plus simple. Le plus souvent une blouse avec signes distinctifs aux parements et au collet suffira.

§ 7. — *Règlement du service ordinaire*.

— Les règlements du service ordinaire sont arrêtés par le maire, sur la proposition du chef de corps.

Pour les bataillons cantonnaux, ils sont arrêtés par le sous-préfet, de l'avis des maires des communes et sur la proposition du commandant (Art. 67 et 68).

§ 8. — *Armement.* — Aux termes de l'article 3 de la loi du 10 août, la distribution des armes sera faite d'abord aux gardes nationales des départements envahis, des villes mises en état de défense et des communes des départements déclarés en état de siége par suite des nécessités de la guerre. Les anciens militaires seront les premiers armés. (Art.) 3 de la loi du 10 août 1870).

Le gouvernement prendra d'urgence des dispositions à cet effet. Je me concerte avec le ministre de la guerre pour que, sur votre demande, les directions d'artillerie mettent des armes à votre disposition, suivant les besoins du service et dans les conditions déterminées par la loi.

Mais, en attendant, il sera nécessaire que les hommes s'exercent sous la direction de militaires, instructeurs, avec les armes qu'offrent les ressources du pays.

L'ensemble de ces mesures répond au patriotisme de la nation. Quand l'ennemi menace notre territoire, la France est assurée du concours de tous ses enfants.

Vous m'accuserez réception de la présente circulaire. Pour les détails, vous vous référerez aux instructions données en 1861, et dont le *Bulletin officiel* du ministère contient la collection.

Recevez, monsieur le préfet, l'assurance de ma considération très-distinguée,

Le ministre de l'intérieur.

HENRI CHEVREAU.

LOI

SUR LA GARDE NATIONALE.

Des 8 avril, 28 mai, 13-26 juin 1851,

—

TITRE PREMIER.

DISPOSITIONS GÉNÉRALES.

ART. 1er. Le service de la garde nationale consiste : — 1o En service ordinaire dans l'intérieur de la commune ; — 2o En service de détachement hors du territoire de la commune ; — 3o En service de corps mobilisés pour seconder l'armée de ligne dans les limites fixées par la loi.

2. La garde nationale est organisée dans
toute la République; elle l'est par commune, et à Paris par arrondissement municipal. — Les compagnies communales
d'un canton peuvent être formées en bataillons cantonnaux et en légions par décret
du Pouvoir exécutif, les conseils municipaux de la circonscription entendus. —
Dans aucun cas, la garde nationale ne peut
être organisée par département ni par arrondissement de sous-préfecture. — Cette
disposition n'est pas applicable au département de la Seine.

3. Cette organisation est permanente; toutefois, le président de la République peut suspendre ou dissoudre, en tout ou en partie, la
garde nationale dans les lieux déterminés.
— Dans le cas de suspension, la garde
nationale est remise en activité dans l'année, à compter du jour de la suspension.
— Dans le cas de dissolution, la garde nationale est réorganisée dans les deux ans.
— Le tout à moins que ces délais n'aient
été prorogés par une loi spéciale. — En cas
d'urgence, le préfet peut prononcer provisoirement la suspension. Cette suspension
n'a d'effet que pendant trois mois, si, dans
l'intervalle, elle n'est pas prononcée, ou si
la dissolution n'est pas maintenue par le
gouvernement. — Dans tous les cas de
suspension ou de dissoultion, le préfet peut
ordonner le dépôt des armes dans un lieu
déterminé, sous les peines portées par
l'art. 3 de la loi du 24 mars 1834.

4. La garde nationale est placée sous l'autorité des maires, des sous-préfets, des préfets et du ministre de l'intérieur. — Lorsque, d'après les ordres du préfet et du sous-préfet, la garde nationale de plusieurs communes est réunie, soit au chef-lieu de canton, soit dans toute autre commune, elle est sous l'autorité du maire de la commune où a lieu la réunion. — Sont exceptés les cas déterminés par les lois, où la garde nationale est appelée à faire un service militaire et est mise sous les ordres de l'autorité militaire.

5. Les citoyens ne peuvent ni prendre les armes, ni se rassembler comme gardes nationaux, avec ou sans uniforme, sans l'ordre des chefs immédiats, et ceux-ci ne peuvent donner cet ordre sans une réquisition de l'autorité civile.

6. Aucun chef de poste ne peut faire distribuer de cartouches aux gardes nationaux placés sous son commandement, si ce n'est en vertu d'ordre précis ou en cas d'attaque de vive force.

TITRE II

DE L'ORGANISATION DE LA GARDE NATIONALE.

SECTION PREMIÈRE.

De la composition de la garde nationale.

7. La garde nationale se compose, sauf les exceptions ci-après, de tous les Français à partir de l'âge de vingt ans.

8. Ne font pas partie de la garde nationale : — 1o Les ministres des différents cultes reconnus par l'Etat ; les élèves des grands séminaires et des facultés de théologie ; — les membres ou novices des associations religieuses vouées à l'enseignement, autorisées par la loi ou reconnues comme établissements d'utilité publique ; 2o les militaires des armées de terre et de mer en activité de service, en disponibilité ou en non-activité ; les administrateurs ou agens commissionnés des services de terre ou de mer en activité ; les comptables, magasiniers, préposés de dépôts, distributeurs, infirmiers et autres agens inférieurs des ports, arsenaux et établissements de la marine ; les ouvriers des ports, des arsenaux et manufactures d'armes organisés militairement. Ne sont pas compris dans cette disposition les commis et employés des bureaux de la marine au-dessous du grade d'aide-commissaire ; —

3o les officiers, sous-officiers et soldats des gardes municipales et autres corps soldés ; — 4o les préposés des services actifs des douanes ; — 5o les directeurs et concierges des maisons d'arrêt, les gardiens chefs et gardiens ordinaires des prisons, et les autres agens inférieurs de justice et de police ; — 6o ceux que des infirmités mettent pour toujours hors d'état de faire aucun service. La nature de ces infirmités et le mode de les constater seront déterminés par un règlement d'administration publique.

9. Sont exclus de la garde nationale : — 1o Tous les individus énumérés en l'article 8 de la loi du 31 mai 1850 ; — 2o les individus privés, par jugement, de l'exercice de leurs droits civils ou politiques ; — 3o les individus condamnés à trois mois de prison au moins, par application de la loi du 27 mars 1851.

SECTION II.

Du service ordinaire et de la réserve.

10. Le service de la garde nationale se divise en service ordinaire et service de réserve.

11. Les citoyens inscrits sur le contrôle du service ordinaire sont appelés à tous les services d'ordre et de sûreté, ainsi qu'aux exercices et aux revues.

12. Les citoyens inscrits sur les contrôles de la réserve ne peuvent être appelés qu'extraordinairement, et en vertu d'un arrêté du préfet.

13. Sont inscrits au contrôle du service ordinaire tous les citoyens âgés de vingt et un ans au moins, domiciliés depuis un an dans la commune, et non compris dans les dispositions de l'article suivant. — Les compagnies et subdivisions de compagnies sont formées de gardes nationaux inscrits sur le contrôle du service ordinaire, dans les circonscriptions où se trouve leur domicile. — Peuvent être, en outre, inscrits au contrôle du service ordinaire dans une commune autre que celle de leur domicile réel, les citoyens qui résident habituellement une partie de l'année dans cette commune.— Dans ce cas, le service est dû, tant dans la commune du domicile réel que dans celle de la résidence habituelle.

14. Sont placés dans la réserve : — 1o Les citoyens âgés de moins de vingt et un ans, et ceux qui ont moins d'un an de domicile dans la commune ; — 2o ceux pour lesquels le service habituel serait une charge trop onéreuse ; — 3o les préposés du service actif des contributions indirectes, des octrois et des administrations sanitaires, les cantonniers et éclusiers, les gardes champêtres et forestiers ; — 4o les facteurs de la poste aux lettres, les agens des lignes télégraphiques et les postillons de l'administration des postes reconnus nécessaires

à ces services publics ; les machinistes et chauffeurs des chemins de fer et bateaux à vapeur ; — 5º les portiers et les domestiques attachés au service de la personne.

15. Peuvent se dispenser du service de la garde nationale : 1º Les membres de l'Assemblée nationale, les ministres et les sous-secrétaires d'Etat ; — 2º les conseillers d'Etat et les maîtres des requêtes ; — 3º les membres des cours et tribunaux et les greffiers de justice de paix ; — 4º les membres des conseils de préfecture ; — 5º les directeurs, médecins et chirurgiens des hôpitaux et hospices civils et des asiles d'aliénés ; — 6º les citoyens âgés de plus de cinquante-cinq ans ; — 7º les anciens militaires ayant cinquante ans d'âge et vingt années de service.

16. Sont temporairement dispensés du service de la garde nationale ceux qu'un service public, une absence, une maladie ou une infirmité, dûment justifiées d'après les formes qu'établira le règlement du service ordinaire, mettent dans l'impossibilité de faire le service.

17. Le service de la garde nationale est compatible avec les fonctions qui confèrent le droit de requérir la force publique.

18. Le service de la garde nationale est personnel ; néanmoins, le remplacement pour le service ordinaire est permis entre le père et le fils, les frères, l'oncle et le neveu, ainsi qu'entre alliés au même degré,

pourvu toutefois que le remplaçant et le remplacé appartiennent à la même compagnie. — Les gardes nationaux de la même compagnie qui ne sont ni parents ni alliés aux degrés ci-dessus désignés, peuvent seulement, et avec l'autorisation des chefs, changer leurs tours de service.

19. Peuvent être appelés à faire partie du service ordinaire les étrangers admis à la jouissance des droits civils, conformément à l'article 13 du Code civil.

SECTION III.

De l'inscription des gardes nationaux, de leur répartition entre le service ordinaire et la réserve, du jugement des dispensés, etc.

20. L'inscription des gardes nationaux sur les contrôles de la garde nationale, leur répartition entre le service ordinaire et la réserve, leur classement entre les compagnies, et l'appréciation des causes de dispense, sont faits par les conseils de recensement, sauf recours devant le jury de révision.

§ 1er. — Des conseils de recensement.

21. Il y a par commune, et à Paris par arrondissement, un conseil de recensement. — Dans chaque commune, le nombre

des membres de ce conseil est égal à celui
des conseillers municipaux ; il est ajouté
un membre de plus, si le conseil municipal est constitué en nombre impair. — Les
membres du conseil de recensement sont
choisis : — Moitié sur la désignation et dans
le sein du conseil municipal ; — moitié par le
préfet ou le sous-préfet, parmi les citoyens
aptes à faire partie du service ordinaire de
la garde nationale. — Le maire fait partie
du conseil comme membre de droit, et le
préside. A son défaut, le conseil est présidé
par un adjoint ou par un membre du conseil municipal, désigné par le maire. — A
Paris, le conseil de recensement de chaque arrondissement est composé de seize
membres nommés par le préfet, en nombre égal pour chaque bataillon, parmi les
citoyens faisant partie du service ordinaire
de la garde nationale. — S'il y a lieu à éta-
blir une légion de cavalerie à Paris, le conseil de recensement sera composé de douze
membres choisis par le préfet parmi les
gardes nationaux faisant ou ayant fait
partie de cette arme. — Il sera présidé par
un délégué du préfet.

22. Les conseils de recensement sont renouvelés tous les ans par moitié. — Les
membres du conseil sont toujours rééligibles.

23. Après trois absences consécutives et
non justifiées, les membres du conseil sont
réputés démissionnaires.

24. En cas de réorganisation de la garde nationale après dissolution, ou de dissolution du conseil municipal, le sous-préfet désigne les citoyens qui doivent provisoirement remplacer les membres du conseil de recensement appartenant soit à la garde nationale, soit au conseil municipal dissous.

§ II.— Des Jurys de révision.

25. Il y a un jury de révision pour chaque canton. — Lorsqu'une ville est le chef-lieu de plusieurs cantons, il n'y a qu'un jury de révision pour tous ces cantons, lors même que leur ressort comprend d'autres communes. — Chaque jury de révision est composé de douze jurés, désignés par le sort sur une liste de cent cinquante gardes nationaux sachant lire et écrire, et âgés de plus de vingt-cinq ans. — Cette liste est dressée par le sous-préfet, sur les présentations faites par les maires des diverses communes, à raison de deux cents candidats par chaque canton. Un arrêté du sous-préfet détermine, proportionnellement à la population des diverses communes, le nombre des candidats qui doivent être pris dans chacune d'elles. — Dans tous les cas, il ne sera présenté qu'une liste de deux cents candidats pour la formation d'un jury de révision. — A Paris, le jury de révision est composé d'un nombre de membres égal à celui des légions. — Dans chaque légion, un jury titulaire est dési-

gné par le sort sur une liste de vingt-cinq gardes nationaux remplissant les conditions indiquées au paragraphe 2 du présent article, et faisant partie de la légion. — Ces listes sont dressées par le préfet. Les vingt-cinq gardes nationaux qu'il désigne sont choisis sur une liste de cinquante candidats présentée par le maire de l'arrondissement. — Il est désigné, pour chaque jury, dans les formes déterminées par le présent article, un nombre de suppléants égal à celui des jurés titulaires.

26. Le jury de révision est présidé par le juge de paix. — A Paris et dans les villes dont le territoire est divisé en plusieurs cantons, un roulement détermine, d'après les règles fixées par le ministre de la justice, l'ordre dans lequel chacun des juges de paix doit présider.

27. Le tirage des jurés et des jurés suppléants est fait par le président du jury, en audience publique. Les membres du jury désignés par le sort, sauf ceux qui auront été temporairement excusés, sont rayés de la liste et ne peuvent y être rétablis qu'après les élections générales.—Le renouvellement intégral des jurés a lieu à l'époque des élections générales de la garde nationale.—Le jury, constitué suivant le paragraphe 1er du présent article, fonctionne pendant une année entière.

28. Le jury ne peut prononcer qu'au nombre de sept membres au moins, y

compris le président. Les décisions sont prises à la majorité absolue : en cas de partage, la voix du président est prépondérante.

29. Tout juré absent, et non valablement excusé, est condamné par le juge de paix à une amende de cinq à dix francs.

30. Les décisions du jury ne sont susceptibles de recours devant le conseil d'Etat que pour incompétence, excès de pouvoir, ou violation de la loi.—La contrariété de décisions rendues en dernier ressort, relativement à la même personne, par des conseils de recensement ou des jurys de révision différents, donne lieu au recours devant le conseil d'Etat.

31. Les fonctions de membres du conseil de recensement et de membre du jury de révision sont incompatibles.

32. Un décret du président de la République détermine le nombre, le rang et le mode de nomination des rapporteurs, des rapporteurs-adjoints et des secrétaires attachés aux jurys de révision.

§ III. — Disposition commune au conseil de recensement et au jury de révision.

33. Les formes de procéder des conseils de recensement et des jurys de révision sont déterminées par un règlement d'administration publique.

SECTION IV.

Formation de la garde nationale.

34. La garde nationale, en service ordinaire est organisée en subdivisions de compagnies, en compagnies, en bataillons, en légions d'infanterie.—Des décrets du Président de la République établissent les règles d'après lesquelles ces corps sont formés dans les circonscriptions déterminées par l'article 2. — Il pourra être établi, par décret du Président de la République, les conseils municipaux entendus, des pelotons, escadrons ou légions de cavalerie dans les villes ou cantons où cette organisation sera jugée nécessaire. Partout où il n'existe pas de corps soldé de sapeurs-pompiers, il est, autant que possible, formé des compagnies ou des subdivisions de compagnies de sapeurs-pompiers volontaires, faisant partie de la garde nationale.—Dans les places de guerre, les ports de commerce et les cantons maritimes, il pourra être formé, par décret du Président de la République, soit des batteries ou subdivisions de batteries d'artillerie, soit des compagnies ou subdivisions de compagnies de marins, gardes-côtes et ouvriers de marine.—Dans toutes les autres villes, les batteries ou subdivisions de batteries d'artillerie déjà organisées pourront être maintenues par décret du Président de la République, le

conseil municipal entendu. — Ces compagnies et batteries, suivant l'importance de leur effectif, pourront être placées sous le commandement d'un officier supérieur, en restant sous l'autorité du chef de la garde nationale de la circonscription. — L'admission des gardes nationales dans les armes spéciales de cavalerie, de sapeurs-pompiers, d'artilleurs; de marins, de gardes-côtes et d'ouvriers de marine, est prononcée par les conseils de recensement créés par l'article 21, sauf ce qui est dit dans cet article pour la légion de cavalerie de Paris. — Les décisions du conseil de recensement en pareille matière ne sont pas susceptibles du recours devant le jury de révision.

SECTION V.

De l'élection aux grades.

35. Les gardes nationaux portés sur le contrôle du service ordinaire nomment leurs officiers, sous-officiers et caporaux.

36. Toutes les élections sont faites sous la présidence du maire, d'un adjoint ou d'un membre du conseil municipal pris dans l'ordre du tableau, assisté de deux membres du conseil de recensement.

37. Les chefs de bataillons et le porte-drapeau sont élus par tous les officiers du bataillon et par un nombre égal de délégués nommés dans chaque compagnie.

38. Les chefs de légion et les lieutenants-colonels sont nommés par tous les officiers de la légion réunis aux délégués, qui, aux termes de l'article 37, concourent à la nomination des chefs de bataillon et porte-drapeau.

39. Aucun officier supérieur n'est valablement élu qu'autant que plus de la moitié des électeurs ont concouru à l'élection, et qu'il a réuni plus de la moitié des suffrages exprimés.

40. Les officiers, sous-officiers, caporaux et délégués ne peuvent être élus que parmi les citoyens inscrits au contrôle du service ordinaire. Néanmoins les anciens officiers de l'armée qui auraient usé de la dispense qui leur est accordée par l'article 16 peuvent être élus ou nommés à des grades dans la garde nationale. — Les chefs de légion et les lieutenants - colonels peuvent être choisis : — Pour le département de la Seine, dans toute l'étendue du département ; — pour les autres départements, dans la commune ou dans le canton, suivant que la légion est communale ou cantonale. — Les chefs de bataillon et le porte-drapeau sont choisis : — A Paris et dans les communes où il existe plusieurs légions, dans la circonscription de la légion ; — dans les autres communes ou cantons, dans la circonscription de la commune ou du canton, selon que le bataillon est communal ou cantonal. — Les officiers de com-

pagnie sont choisis dans la circonscription du bataillon ; les sous-officiers et caporaux, dans la circonscription de la compagnie.

41. Les élections d'officiers, sous-officiers et caporaux de compagnie ne sont valables qu'autant que le tiers au moins des gardes nationaux inscrits y a pris part. — Si le nombre des votants est inférieur au tiers, les gardes nationaux seront convoqués de nouveau au jour fixé par le maire. — Si le nombre des votants est encore inférieur au tiers, les gardes nationaux sont convoqués une troisième fois, et l'élection est faite par les électeurs présents, quel que soit leur nombre.

42. L'élection des capitaines a lieu successivement pour chaque emploi, au scrutin individuel et secret, et à la majorité absolue des suffrages. — Si l'effectif de la compagnie comporte plusieurs lieutenants ou sous-lieutenants, ces officiers sont élus par bulletins de liste, au scrutin secret, pour chaque grade, et à la majorité absolue des suffrages. — Après deux tours de scrutin, si la majorité absolue n'a été obtenue par aucun des candidats, ou ne l'a pas été par un nombre de candidats égal à celui des emplois à conférer, il est procédé à un scrutin de ballotage sur une liste double du nombre d'officiers restant à nommer, et comprenant les candidats qui ont obtenu le plus grand nombre de voix au second

tour. — L'élection ne peut avoir lieu que sur cette liste. — Les lieutenants et sous-lieutenants prennent rang entre eux suivant l'ordre de leur nomination : d'après le nombre des suffrages obtenus, s'ils ont été nommés au même scrutin ; d'après l'âge, si deux ou plusieurs d'entre eux ont obtenu le même nombre de suffrages au même tour de scrutin. — Les délégués sont élus sur bulletins de liste, et à la majorité relative, immédiatement après les officiers. — Les sergents-majors et les fourriers sont élus sur bulletins individuels ; les sergents et caporaux, sur bulletins de liste. — Dans les deux cas, l'élection a lieu à la majorité relative. — Aucun scrutin n'est fermé qu'après un appel et un réappel.

43. Tout garde national ayant droit de participer à l'élection a le droit d'arguer les opérations de nullité. Si sa réclamation n'a pas été consignée au procès-verbal, elle est déposée au secrétariat de la mairie, dans les trois jours, à partir du jour de l'élection, à peine de déchéance, et jugée par le conseil de préfecture. — Le préfet ou le sous-préfet peut déférer au conseil de préfecture, dans le délai de quinze jours, à partir du jour où elles ont eu lieu, les élections dans lesquelles les conditions et les formalités légalement prescrites n'ont pas été observées.

44. Si les officiers ne sont pas dans les deux mois de leur élection complétement armés, équipés et habillés suivant l'uni-

forme , ils sont considérés comme démissionnaires et remplacés immédiatement.

45. Les officiers, sous-officiers et caporaux sont élus pour trois ans ; toutefois, les officiers, sous-officiers et caporaux qui, dans le cours de la période triennale, transportent leur domicile dans une autre commune ou dans une circonscription autre que celle où leur grade leur avait été conféré, sont remplacés. — Peuvent être également remplacés dans leur grade, en vertu d'une décision du conseil de recensement, les officiers, sous-officiers et caporaux dont l'absence s'est prolongée au-delà de six mois sans dispense temporaire de service régulièrement accordée.

46. Les officiers, sous-officiers et caporaux sont toujours rééligibles.

47. Les officiers, sous-officiers et caporaux élus par suite de vacance ne sont nommés que pour le temps pendant lequel ceux qu'ils remplacent devaient encore exercer leurs fonctions.

48. Les élections générales doivent être terminées dans les six mois qui suivent l'expiration de la période triennale pour laquelle les grades sont conférés. Des décrets du Président de la République en fixent les époques.

49. Les officiers, sous-officiers et caporaux restent en fonctions jusqu'à la reconnaissance de ceux qui les remplacent.

50. Tout officier de la garde nationale peut être suspendu de ses fonctions pendant deux mois, par arrêté motivé du préfet, pris en conseil de préfecture, sur l'avis du maire et du sous-préfet, l'officier préalablement entendu dans ses observations. — La suspension peut être prolongée par un décret du Président de la République. — Si, dans le cours d'une année, l'officier n'a pas été rendu à ses fonctions, il est procédé à une nouvelle élection. — L'officier suspendu n'est rééligible qu'aux élections générales.

51. Dans les communes où la garde nationale forme plusieurs légions, elle peut être placée sous les ordres d'un commandant supérieur, nommé par le Président de la République.

52 Les officiers de l'état-major du commandant supérieur sont nommés par le Président de la République.

53. — Les chirurgiens-majors, les aides-majors et autres officiers de santé sont nommés par le Président de la République. — Il en est de même des majors et adjudants majors. — L'adjudant sous-officier est nommé par le chef de légion ou de bataillon. — Le capitaine d'armement est nommé par le commandant supérieur ou le préfet, sur une double présentation faite par le maire et le chef de corps.

54. Il sera nommé aux emplois autres que ceux désignés ci-dessus, sur la présen-

tation du chef de corps, par le maire, ou, si les gardes communales sont réunies en bataillon, par le sous-préfet.

55. Ces officiers devront avoir leur résidence dans la circonscription de la légion, du bataillon et de la compagnie, selon leur rang.

56. Les officiers et sous-officiers rapporteurs et secrétaires des conseils de discipline sont choisis par le sous-préfet, sur des listes de trois candidats désignés par le chef de corps. — Ils sont nommés pour trois ans et peuvent être réélus. — Le préfet, sur le rapport des maires et des chefs de corps, pourra les révoquer; il sera immédiatement pourvu à leur remplacement par le mode ci-dessus indiqué.

57. Les militaires des armées de terre et de mer, placés dans une des positions énumérées en l'article 8 de la présente loi, ne peuvent être appelés dans la garde nationale à aucun autre emploi que ceux de commandant supérieur et de chef d'état-major.

SECTION VI.

Des armes et de l'uniforme.

58. Les communes sont responsables, sauf leur recours contre les gardes nationaux, des armes que le gouvernement a jugé nécessaire de leur délivrer : ces armes restent la propriété de l'Etat. — L'entretien

de l'armement est à la charge du garde national ; les réparations, en cas d'accident causé par le service, sont à la charge de la commune. — Les gardes nationaux détenteurs d'armes appartenant à l'Etat, qui ne présentent pas ou ne font pas présenter ces armes aux inspections générales annuelles prescrites par les règlements peuvent être condamnés à une amende de un franc au moins et cinq francs au plus, au profit de la commune. — Cette amende est prononcée et recouvrée comme en matière de police municipale.

59. L'uniforme est obligatoire pour tous les officiers. — Il est obligatoire pour les sous-officiers, caporaux et gardes-nationaux des chefs-lieux de département et d'arrondissement, et pour toutes les communes qui ont une population agglomérée de plus de trois mille âmes. — Il peut être rendu obligatoire dans les autres communes, de l'avis du conseil municipal, par décret du Président de la République. — L'uniforme est déterminé par des décrets du Président de la République.

SECTION VII.

Des préséances.

60. Les diverses armes dont se compose la garde nationale sont assimilées, quant aux préséances, aux armes correspondantes

de l'armée. — Les sapeurs-pompiers sont assimilés aux sapeurs-mineurs. — Néanmoins, quand la garde nationale est réunie, les différentes armes doivent prendre la place qui leur est assignée par l'officier qui commande.

61. Dans tous les cas où les gardes nationales sont de service avec les corps soldés, elles prennent le rang sur eux. — Le commandement dans les fêtes ou cérémonies appartient à celui des officiers des divers corps qui à la supériorité du grade ; à grade égal, à celui qui est le plus ancien, et, à égalité d'ancienneté, au plus âgé. — Tous les officiers nommés pour la première fois ou promus aux élections générales sont réputés avoir été élus le même jour. — L'ancienneté de grade est comptée aux officiers, sous-officiers et caporaux de la garde nationale de l'époque à partir de laquelle ils ont été, sans aucune interruption, en possession de leur grade.

SECTION VIII.

Des dépenses de la garde nationale.

62. Les dépenses de la garde nationale sont votées, réglées et surveillées comme toutes les autres dépenses municipales.

63. Les dépenses de la garde nationale sont obligatoires ou facultatives. — Les dépenses obligatoires sont : — 1° Les frais

d'achat de drapeaux, tambours et trompettes ; — 2° les réparations, l'entretien et le prix des armes, sauf recours contre les gardes nationaux, aux termes de l'article 58 ; — 3° le loyer, l'entretien, le chauffage, l'éclairage et le mobilier des corps de garde ; — 4° les frais de registre, papiers, contrôles, billets de garde et tous les menus frais de bureaux qu'exige le service de la garde nationale ; — 5° la solde et l'habillement des tambours et trompettes, dans les communes où l'uniforme est obligatoire. — Toutes autres dépenses sont facultatives.

64. Lorsqu'il est créé des bataillons cantonnaux, la répartition de la portion afférente à chaque commune du canton dans les dépenses obligatoires du bataillon, autres que celles des compagnies, est faite par le préfet, en conseil de préfecture, après avoir pris l'avis des conseils municipaux. — Cette répartition a lieu proportionnellement à la population de chaque commune et à son contingent dans le principal des quatre contributions directes.

65. Il y a, dans chaque légion ou chaque bataillon formé par des gardes nationaux d'une même commune, un conseil d'administration chargé de présenter annuellement au maire l'état des dépenses nécessaires pour le service de la garde nationale et de viser les pièces justificatives de l'emploi des fonds. — Il y a également, par

bataillon cantonnal, un conseil d'administration chargé des mêmes fonctions, et qui doit présenter au sous-préfet l'état des dépenses du bataillon. — La composition de ces conseils est déterminée par un règlement d'administration publique.

66. Dans les communes où la garde nationale comprend une ou plusieurs compagnies non réunies en bataillon, l'état des dépenses est soumis au maire par le commandant. — Pour les corps spéciaux, l'état des dépenses sera présenté par le commandant de la garde nationale, après avoir pris l'avis du commandant de ce corps.

TITRE III.

DU SERVICE ORDINAIRE DE LA GARDE NATIONALE.

67. Le règlement relatif au service ordinaire, aux revues, exercices et prises d'armes est arrêté : — Pour le département de la Seine, par le ministre de l'intérieur, sur la proposition du commandant supérieur, de l'avis du préfet de la Seine. — Pour les villes et communes des autres départements, par le maire, sur la proposition du commandant de la garde nationale, et sous l'approbation du sous-préfet. — Les chefs pourront, en se conformant à ce règlement, et sans réquisition particulière, mais après en avoir prévenu l'autorité municipale,

faire toutes les dispositions et donner tous les ordres relatifs au service ordinaire, aux revues et aux exercices. — Lorsque le service de place est fait en commun par les postes de la garde nationale, et de la troupe de ligne, la surveillance reste séparée, excepté dans les cas prévus par le paragraphe 3 de l'article 4 de la présente loi. — Dans les villes de guerre, la garde nationale ne peut prendre les armes ni sortir des barrières qu'après que le maire en a informé par écrit le commandement de la place. — Le tout sans préjudice de ce qui est réglé par les lois spéciales pour l'état de guerre et l'état de siége dans les places.

68. Lorsque la garde nationale est organisée en bataillons cantonnaux et en légions, le règlement sur les exercices est arrêté par le sous-préfet, de l'avis des maires des communes, et sur la proposition du commandant pour chaque bataillon isolé, et du chef de légion pour les bataillons réunis en légion.

69. Le préfet peut suspendre les revues et exercices dans les communes et dans les cantons, à la charge d'en rendre immédiatement compte au ministre de l'intérieur.

70. Tout garde national commandé pour le service doit obéir, sauf à réclamer ensuite, s'il s'y croit fondé, devant le chef du corps.

TITRE IV.

DE LA DISCIPLINE.

SECTION PREMIÈRE.

Des peines.

71. Les chefs de poste ou de détachement peuvent ordonner. — 1o Une faction, patrouille ou autre service hors tour contre tout garde national qui a manqué à l'appel ou s'est absenté du poste sans autorisation ; — 2o La détention dans la prison du poste, jusqu'à la relevée de la garde, de tout sous-officier, caporal ou garde national de service en etat d'ivresse, ou qui s'est rendu coupable de bruit, tapage, voies de fait ou de provocation au désordre ou à la violence ; sans préjudice du renvoi au conseil de discipline, si la faute emporte une punition plus grave.

72. Les conseils de discipline peuvent infliger les peines suivantes : — 1o la réprimande ; — 2o La réprimande avec mise à l'ordre des motifs du jugement ; — 3o la prison pour six heures au moins et trois jours au plus, avec ou sans mise à l'ordre ; — 4o la privation du grade, avec mise à l'ordre ; — 5o La radiation des contrôles, avec mise à l'ordre. — S'il n'existe dans la commune ni prison spéciale pour l'exécu-

don des jugements du conseil de discipline, ni local en tenant lieu, la peine de la prison est remplacée par une amende de un franc à quinze francs au profit de la commune du contrevenant.

73. Est puni, selon la gravité des cas, de l'une des peines énoncées sous les numéros 1, 2, 3 et 4 de l'article précédent, tout officier qui, étant de service ou en uniforme, tient une conduite qui compromet son caractère ou porte atteinte à l'honneur de la garde nationale. — Est puni de l'une des mêmes peines, selon la gravité des cas, tout officier ou chef de poste qui commet une infraction aux règles du service, à la discipline ou à l'honneur de la garde nationale, et notamment, qui contrevient à l'article 5 de la présente loi.

74. Est puni de la prison tout officier ou sous-officier, chef de poste ou de détachement, qui, étant de service, s'est rendu coupable : — D'inexécution d'ordres reçus ou d'infraction à l'article 6 de la présente loi; — de manquement à un service commandé ou d'absence du poste non autorisée; — d'inexactitude à signaler dans les formes requises les fautes commises par ses subordonnés; — de désobéissance; — d'insubordination; — de manque de respect, de propos offensants ou d'insultes envers les officiers d'un grade supérieur; — de propos outrageants envers un subordonné ou d'abus d'autorité.

3

75. Dans le cas où l'ordre public est menacé, tout garde national qui, sans excuse légitime, ne se rend pas à l'appel, est puni d'un emprisonnement qui ne pourra excéder trois jours. — Tout officier, sous-officier ou caporal est en outre privé de son grade. — Le jugement est mis à l'ordre.— Le conseil de discipline peut, de plus, prononcer contre les condamnés la radiation des contrôles du service ordinaire pour un temps qui n'excèdera pas cinq années, et ordonner l'affiche du jugement à leurs frais. — Tout garde national rayé des contrôles du service ordinaire est immédiatement désarmé.

76. Peut être puni, selon la gravité des cas, de la réprimande, de la réprimande avec mise à l'ordre ou de la prison pour deux jours au plus et trois en cas de récidive : — 1° Tout sous-officier, caporal ou garde national coupable d'inexécution des ordres reçus, de désobéissance, d'insubordination ou de refus d'un service commandé. — Sont considérés comme services commandés non-seulement les services commandés dans la forme ordinaire, mais encore les prises d'armes par voie de rappel ou de convocation verbale ; — 2° Tout sous-officier, caporal ou garde national de service qui est en état d'ivresse, profère des propos offensants contre l'autorité ou tient une conduite qui porte atteinte à la discipline ou à l'ordre ; — 5° Tout sous-officier, caporal ou garde national de ser-

vice qui abandonne ses armes, sa faction ou son poste avant d'être relevé. — L'arrivée tardive au lieu de rassemblement, l'absence du poste sans autorisation, et l'absence prolongée au-delà du terme fixé par l'autorisation, peuvent être considérées comme abandon du poste ; — 4° Tout sous-officier, caporal ou garde national qui enfreint l'article 5 de la présente loi ; — 5° Tout sous-officier, caporal ou garde national dont l'armement est mal entretenu, ou qui ne fait pas son service en uniforme, dans les communes où l'uniforme est obligatoire.

77. Les infractions commises par les officiers de l'état-major général, par les majors, adjudants-majors et les adjudants sous-officiers, sont punis des peines suivantes : — Les arrêts simples ; — les arrêts forcés avec remise d'armes. — En aucun cas, ces arrêts n'excèdent dix jours. — Les arrêts simples peuvent être appliqués par le supérieur à l'inférieur. — Les arrêts forcés ne sont prononcés que par le commandant supérieur ou le chef de corps.

78. Pour les infractions prévues par l'article 76 de la présente loi, les tambours-majors, tambours-maîtres, tambours et trompettes soldés peuvent être punis par tout officier sous les ordres duquel ils se trouvent, de la prison pour un temps qui n'excèdera pas trois jours. — Dans les communes et les cantons où la garde na-

tionale est formée en légion ou en bataillon, cette peine peut être, selon les circonstances, élevée jusqu'à dix jours de prison par le chef de légion ou le chef de bataillon.

79. Est privé de son grade par le jugement de condamnation tout officier, sous-officier ou caporal qui, après une première condamnation, est, dans les douze mois, puni de la prison pour une seconde infraction par le conseil de discipline.

80. Tout officier, sous-officier ou caporal privé de son grade par jugement ne peut être réélu qu'aux élections générales.

81. Le garde national qui vend, détourne ou détruit volontairement les armes de guerre, les munitions ou les effets d'équipement qui lui ont été confiés, est traduit devant le tribunal de police correctionnelle et puni de la peine portée en l'article 408 du Code pénal, sauf l'application de l'article 463 du même Code. — Le jugement de condamnation prononce la restitution, au profit de la commune, du prix des armes, munitions ou effets.

82. Tout garde national qui, dans l'espace d'une année a subi deux condamnations du conseil de discipline peut être, par le jugement qui prononce la seconde condamnation, rayé des contrôles du service ordinaire, pour deux années au plus, avec mise à l'ordre.

83. Après deux condamnations pour refus de service, le garde national est, en cas
de troisième refus de service dans l'année,
traduit devant le tribunal de police correctionnelle, et condamné à un emprisonnement qui ne peut être moindre de six jours
ni excéder dix jours. — En cas de récidive
dans l'année, à partir du jugement cor-
rectionnel, le garde national est traduit de
nouveau devant le tribunal de police correctionnelle, et puni d'un emprisonnement
qui ne peut être moindre de dix jours ni
excéder vingt jours. — Il est, en outre,
condamné aux frais et à une amende qui
ne peut être moindre de seize francs ni
excéder trente francs dans le premier cas,
et, dans le deuxième, être moindre de
trente francs ni excéder cent francs.

84. Dans le cas ou un chef de corps, poste
ou détachement est poursuivi devant les
tribunaux comme coupable des délits prévus pas les articles 234 et 258 du Code
pénal, la poursuite entraîne la suspension ;
en cas de condamnation, le jugement prononce la perte du grade.

SECTION II.

Des conseils de discipline.

85. Il y a un conseil de discipline, —
1o par bataillon communal ou cantonal ; —
2o par commune ayant une ou plusieurs

compagnies non réunies en bataillon ; —
5o par compagnie formée de gardes nationaux de plusieurs communes.

86 Dans les villes qui comprennent une
ou plusieurs légions il y a un conseil de
discipline pour juger les colonels et lieutenants-colonels.

87. Le conseil de discipline de la garde
nationale d'une commune ayant une ou
plusieurs compagnies non réunies en bataillon , et celui d'une compagnie formée
de gardes nationaux de plusieurs communes. sont composées de cinq juges, savoir :
— Un capitaine , président ; un lieutenant
ou un sous-lieutenant, un sergent, un caporal et un garde national.

88. Le conseil de discipline de bataillon
est composé de sept juges, savoir : le chef
de bataillon , président ; un capitaine , un
lieutenant ou un sous-lieutenant , un sergent, un caporal et deux gardes nationaux.

89. Le conseil de discipline pour les colonels et lieutenants-colonels est composé
de sept juges , savoir : — Pour les légions
non réunies sous un commandement supérieur , — d'un chef de légion désigné par
le sort parmi ceux des cinq légions les
plus voisines , président; — deux chefs de
légions ou deux lieutenants-colonels , suivant le grade du prévenu , désignés selon le
mode indiqué dans le paragraphe précédent ; — deux chefs de bataillon ; — deux
capitaines. — Dans le département de la

Seine et dans les villes où il existe un commandant supérieur : — Le commandant supérieur, président ; — deux colonels ou lieutenants-colonels ; — deux chefs de bataillon ou d'escadron ; — deux capitaines. — Le commandant supérieur peut déléguer un colonel pour le remplacer comme président.

90. Lorsque l'inculpé est officier, deux officiers de son grade entrent dans le conseil de discipline en remplacement des deux derniers membres. — Si l'inculpé est chef de bataillon, trois officiers de ce grade entrent dans le conseil de discipline, le plus ancien comme président, et les deux autres comme juges, en remplacement des deux derniers membres. — Dans ce cas, comme lorsqu'il y a lieu de compléter le conseil institué par les articles 86 et 89, le sous-préfet, s'il n'y a pas dans la commune ou dans le ressort du conseil de discipline un nombre suffisant d'officiers du grade de l'inculpé, désigne, par la voix du sort, parmi les officiers du canton, et s'il ne s'en trouve pas dans le canton, parmi ceux de l'arrondissement, les juges qui doivent compléter le conseil de discipline. A défaut, le préfet les désigne, par la voix du sort, parmi les officiers du département : ou, s'il ne s'en trouve pas du grade voulu dans le département, parmi les officiers des départements voisins.

91. Il y a, par conseil de discipline de

bataillon ou de légion, un rapporteur et un secrétaire, et autant de rapporteurs et de secrétaires adjoints que les besoins du service l'exigent. Leur nombre, leur rang et le mode de leur nomination sont déterminés par des décrets du président de la république.

92. Les conseils de discipline sont permanents ; ils ne peuvent juger que lorsque cinq membres, au moins, sont présents dans les conseils de bataillon et de légion, et trois membres au moins dans les conseils de compagnie. — Les juges sont renouvelés tous les quatre mois ; néanmoins, à défaut d'autres officiers du même grade, ceux qui en font partie ne sont pas remplacés.

93. Les membres des conseils de discipline sont pris successivement, suivant l'ordre de leur inscription, sur un tableau dressé par le président du conseil de recensement, assisté du chef de bataillon ou du capitaine commandant, si les compagnies ne sont pas réunies en bataillon. — Ce tableau comprend, d'après le contrôle du service ordinaire, par grade ou par ancienneté : 1° tous les officiers, la moitié des sous-officiers, le quart des caporaux ; 2° un nombre égal de gardes nationaux de chaque bataillon ou des compagnies de la commune, ou de la compagnie formée de plusieurs communes. — Pour les conseils de discipline créés par l'article 86, le préfet

ou le sous-préfet dresse un tableau , par grade , des colonels , lieutenants-colonels , chefs de bataillon ou d'escadron et capitaines. — Les tableaux prévus aux deux paragraphes précédents sont déposés au lieu des séances du conseil de discipline , où chaque garde national peut en prendre connaissance.

94. Lorsque la garde nationale d'une commune ou d'un canton n'a qu'un seul conseil de discipline , les gardes nationaux faisant partie des armes spéciales sont justiciables de ce conseil — S'il y a plusieurs bataillons dans le même canton , les gardes nationaux des armes spéciales sont justiciables du même conseil de discipline que les compagnies de leur commune. — S'il y a plusieurs bataillons dans la même commune , le préfet détermine de quel conseil de discipline ces gardes nationaux sont justiciables. — Dans ces trois cas , les officiers , sous-officiers , caporaux et gardes nationaux des armes spéciales concourent pour la formation du tableau du conseil de discipline.

95. Tout garde national qui a été condamné deux fois par le conseil de discipline , ou une fois par le tribunal de police correctionnelle , est rayé pour une année du tableau servant à former le conseil de discipline.

SECTION III.

De l'instruction et des jugements.

96. Le conseil de discipline est saisi, par le renvoi que lui fait le chef de corps, de tous les rapports, procès-verbaux ou plaintes constatant les faits qui peuvent donner *lieu à une poursuite. — Lorsqu'il y aura lieu* à une poursuite contre le chef de corps, le conseil de discipline sera saisi par le préfet.

97. L'officier rapporteur fait citer l'inculpé. — La citation est portée à domicile par un agent de la force publique. Si cet agent appartient à un corps soldé, il ne peut être employé que sur la réquisition de l'autorité municipale.

98. En cas d'absence, tout membre du *conseil de discipline non valablement* excusé est condamné par le conseil de discipline à une amende de cinq francs à quinze francs au profit de la commune du contrevenant, et il est remplacé par l'officier, sous-officier, caporal ou garde national qui doit être appelé immédiatement après lui. — Dans les conseils de discipline des bataillons cantonnaux, le juge absent est remplacé, d'après l'ordre du tableau, par un officier, sous-officier, caporal ou garde national du lieu où siége le conseil.

99. Le garde national cité comparait en
personne ou par un fondé de pouvoirs. —
Il peut être assisté d'un conseil.

100. Si le prévenu ne comparaît pas au
jour et à l'heure fixés par la citation, il est
jugé par défaut. — L'opposition au jugement par défaut doit être formée dans le
délai de trois jours, à compter de la notification du jugement. Cette opposition peut
être faite par déclaration au bas de la si-
gnification. L'opposant est cité pour com-
paraitre à la plus prochaine séance du conseil de discipline. — S'il n'y a pas opposition, ou si l'opposant ne comparaît pas à la
séance indiquée, le jugement par défaut de-
vient définitif.

101 L'instruction de chaque affaire devant le conseil est publique, à peine de
nullité. — La police de l'audience appartient au président, qui peut faire expulser
ou arrêter quiconque troublerait l'ordre. —
Si le trouble est causé par un délit, il est
dressé procès-verbal par le secrétaire sur
l'ordre du président. — L'auteur du trouble
est jugé immédiatement par le conseil si
c'est un garde national, et si la faute n'emporte qu'une peine que le conseil puisse
prononcer. — Dans tout autre cas, le procès-verbal est transmis au procureur de la
République, et, s'il y a lieu, le délinquant
est mis à la disposition de ce magistrat.

102. L'instruction devant le conseil a lieu
de la manière suivante : — Le secrétaire

appelle l'affaire. — En cas de récusation, le conseil statue. Si la récusation est admise, le président appelle, selon les règles établies par l'article 98, les juges suppléants nécessaires pour compléter le conseil. — Si le prévenu décline la juridiction du conseil de discipline, le conseil statue d'abord sur sa compétence; s'il se déclare incompétent, l'affaire est renvoyée devant qui de droit. — Les témoins, s'il en a été appelé par le rapporteur ou l'inculpé, sont entendus après avoir prêté le serment prescrit par l'article 155 du Code d'instruction criminelle. — En cas de non-comparution, tout témoin non valablement excusé est condamné par le conseil de discipline à une amende de un franc au moins, et de quinze francs au plus. — Le prévenu ou son conseil est entendu. — Le rapporteur donne ses conclusions. — L'inculpé ou son fondé de pouvoir et son conseil peuvent présenter leurs observations. — Le conseil délibère en secret et hors de la présence du rapporteur ; le jugement est motivé ; il est prononcé en séance publique, et signé du président et du secrétaire du conseil.

103. Les mandats d'exécution du jugement des conseils de discipline sont délivrés dans la même forme que ceux des tribunaux de simple police. — Toutefois, les agents de la force publique n'ont droit à aucune espèce d'indemnité pour la notification de même que pour l'exécution for-

cée des jugements emportant la peine de l'emprisonnement.

104. Il n'y a de recours contre les jugements définitifs des conseils de discipline que devant la cour de cassation pour incompétence, excès de pouvoirs ou violation de la loi. — Le pourvoi en cassation est suspensif à l'égard des jugements prononçant soit l'emprisonnement, soit une autre peine avec mise à l'ordre, dans les cas prévus par les numéros 2, 4 et 5 de l'article 72. — Le condamné est dispensé de la mise en état. — Dans tous les cas ce recours n'est assujetti qu'à l'amende de cinquante francs pour les jugements contradictoires ; ou de vingt-cinq francs pour les jugements par défaut. — L'amende sera déposée dans les dix jours du pourvoi, sous peine de déchéance.

105. Le condamné a trois jours francs, à partir du jour de la notification, et le rapporteur a le même délai, à partir de la prononciation du jugement, pour se pourvoir en cassation.

106. Les jugements des conseis de discipline ne peuvent, en aucun cas, prononcer de condamnation aux dépens. — Tous actes de poursuite devant les conseils de discipline, tous jugements, recours et arrêts rendus en vertu de la présente loi, sont dispensés du timbre et enregistrés gratis.

TITRE V.

DES DÉTACHEMENTS DE LA GARDE NATIONALE.

SECTION PREMIÈRE.

Appel et service des détachements.

107. La garde nationale doit fournir des détachements : — 1º En cas d'insuffisance de la gendarmerie et de la troupe de ligne, pour escorter, d'une ville à l'autre, les convois de poudre, de fonds ou d'effets appartenant à l'Etat, et pour la conduite des accusés, des condamnés et autres prisonniers ; — 2º pour porter secours aux communes, arrondissements et départements voisins qui seraient troublés ou menacés par des émeutes, des séditions, ou par des associations de malfaiteurs ; — 3º pour porter secours d'un lieu dans un autre pour le maintien ou le rétablissement de l'ordre et de la paix publique.

108. Lorsque, dans les cas prévus par l'article précédent, les détachements de la garde nationale en service ordinaire doivent agir dans toute l'étendue de l'arrondissement, ils sont mis en mouvement sur la réquisition du sous-préfet, et s'ils doivent agir dans toute l'étendue du département, sur la réquisition du préfet ; si leur action

doit s'étendre hors du département, ils sont mis en mouvement en vertu d'un décret du Président de la République. — Les contingents communaux sont réunis par cantons, et les contingents cantonnaux par arrondissement, sous le commandement d'un officier supérieur en grade aux commandants particuliers des détachements communaux et cantonnaux ; cet officier est désigné par le préfet ou le sous-préfet. — Un officier général ou supérieur de la garde nationale est investi par le préfet du commandement supérieur de la réunion des détachements de tout un département, — En cas d'urgence et sur la demande écrite du maire d'une commune en danger, les maires des communes limitrophes, sans distinction de département, peuvent requérir un détachement de la garde nationale de marcher immédiatement sur le point menacé, sauf à rendre compte, dans le plus bref délai, du mouvement et des motifs à l'autorité supérieure. — Dans tous ces cas, l'autorité militaire ne prend le commandement des détachements de la garde nationale que sur la réquisition de l'autorité administrative.

109. L'acte en vertu duquel, dans les cas déterminés par les deux articles précédents, la garde nationale est appelée à faire un service de détachement, fixe le nombre des hommes requis.

110. Lors de l'appel fait conformément

aux articles précédents, le maire, assisté du commandant de la garde nationale de chaque commune, désigne parmi les hommes inscrits sur le contrôle du service ordinaire, ceux qui devront faire partie du détachement, en commençant par les célibataires et les moins âgés.

111. Lorsque les détachements des gardes nationales s'éloignent de leurs communes pendant plus de vingt-quatre heures, ils sont assimilés à la troupe de ligne pour la solde, l'indemnité de route et les prestations en nature.

112. Les détachements à l'intérieur ne peuvent être requis de faire hors de leurs foyers un service de plus de dix jours que sur la réquisition du sous-préfet; un service de plus de vingt jours que sur la réquisition du préfet; et un service de plus de soixante jours qu'en vertu d'un décret du Président de la République.

SECTION II.

Discipline.

113. Lorsque, conformément à l'article 108, la garde nationale doit fournir des détachements en service ordinaire, sur la réquisition du sous-préfet, du préfet, ou en vertu d'un décret, les peines de discipline sont fixées ainsi qu'il suit : — Pour

les officiers, 1o les arrêts simples pour dix jours au plus ; 2o la réprimande avec mise à l'ordre ; 3o les arrêts de rigueur pour six jours au plus ; 4o la prison pour six jours au plus. — Pour les sous-officiers, caporaux et soldats, 1o la consigne pour dix jours au plus, 2o la réprimande avec mise à l'ordre; 3o la salle de discipline pour six jours au plus ; 4o la prison pour six jours au plus.

114. Les arrêts de rigueur, la prison et la reprimande avec mise à l'ordre ne peuvent être infligés que par le chef de corps ; les autres peines peuvent l'être par tout supérieur à son inférieur, à la charge d'en rendre compte dans les vingt-quatre heures, en observant la hiérarchie des grades.

115. La privation du grade pour les causes énoncées par les articles 75 et 79 ne peut être prononcée que par le conseil de discipline, composé, selon le cas, conformément à la section ii du titre IV. — Il n'y a qu'un seul conseil de discipline pour tous les détachements du même arrondissement de sous-préfecture. Les membres sont nommés par le commandant supérieur des détachements.

116. Tout garde national qui, désigné pour faire partie d'un détachement, refuse d'obtempérer à la réquisition ou quitte le détachement sans autorisation, est traduit en police correctionnelle est puni d'un emprisonnement qui ne peut être inférieur à

dix jours ni excéder trois mois ; s'il est officier , sous-officier ou caporal , il est , en outre , privé de son grade

TITRE VI.

DES CORPS MOBILISÉS.

117. Il sera pourvu par une loi spéciale à l'organisation et au service de la garde nationale mobilisée.

TITRE VII.

DISPOSITIONS SPÉCIALES.

118. Les gardes nationaux blessés dans l'accomplissement de leur service , leurs veuves et leurs enfants auront droit à des pensions , secours et récompenses qui seront déterminés par des lois spéciales.

119. Dans les deux ans qui suivront la promulgation de la présente loi , le Gouvernement procèdera à l'organisation successive des corps de la garde nationale dans toutes les communes de la République. Il sera procédé aux élections immédiatement après cette réorganisation. — Dans le même délai, il sera procédé à l'inspection , et s'il y a lieu, au retrait provisoire des armes , là où le Gouvernement le jugera nécessaire, afin de pourvoir à une nouvelle répar-

tition de l'armement. — Les gardes nationales dissoutes en vertu du paragraphe 1er
de l'article 5 de la loi du 22 mars 1831 ne
seront réorganisées qu'à la même époque
et dans le même délai. — Les corps actuels
de la garde nationale et leur cadre sont
maintenus jusqu'à l'organisation prescrite
par le premier paragraphe du présent article.

120. Sont abrogés les titres I, II, III, IV,
V de la loi du 22 mars 1833, les lois des
14 juillet 1837 et 50 avril 1846, les décrets
ou arrêtés des 8 et 13 mars et du 30 avril
1848 sur la garde nationale, ainsi que toutes les dispositions relatives au service et à
l'administration de la garde nationale qui
seraient contraires à la présente loi.

ÉCOLE DU SOLDAT.

—

RÈGLES GÉNÉRALES ET DIVISION DE
L'ÉCOLE DU SOLDAT.

1. Cette école , qui a pour objet l'instruction individuelle, dont dépend l'instruction des compagnies, des bataillons
et du régiment, doit être enseignée avec
le plus grand soin. L'instructeur donne
l'explication de chaque mouvement en
peu de paroles , claires et précises, et
l'exécute toujours lui-même afin de joindre l'exemple au principe. Il accoutume
les soldats à prendre d'eux-mêmes la position démontrée, ne les touche, pour la
rectifier , que lorsque leur défaut d'in-
telligence l'y oblige; il soutient leur attention par un ton animé, ne les arrête point
trop longtemps sur les mêmes mouvements , et n'exige que progressivement
qu'ils soient faits avec précision et ensemble.

2. Il y a deux sortes de commande-

ments : les commandements d'*avertissement* et ceux d'*exécution*.

3. Les commandements d'avertissement (indiqués dans le texte par des lettres italiques), sont prononcés distinctement et dans le haut de la voix, en allongeant un peu la dernière syllabe.

4. Les commandements d'exécution (distingués dans le texte par des majuscules), sont prononcés d'un ton ferme et bref.

5. Les commandements dont l'indication est séparée dans le texte par des tirets, sont coupés de même dans l'énonciation.

6. L'école du soldat est divisée en deux parties : la première partie comprend ce qu'on doit enseigner au soldat indépendamment de l'arme, et la deuxième, ce qu'on doit lui apprendre pour faire usage de son arme.

Ces deux parties sont enseignées simultanément sur le terrain, suivant une progression réglée par le chef de corps.

Le texte de l'école du soldat, en gros caractères, doit être appris littéralement.

7. Chaque partie est divisée en six articles, ainsi qu'il suit :

PREMIÈRE PARTIE.

SECONDE PARTIE.

3. — Charges en cinq temps et à
     volonté.
4. — Positions du tireur.
5. — Mouvements de joue et de
     feu.
6. — Escrime à la baïonnette.

PREMIÈRE PARTIE.

8. Les trois premiers articles de la première partie sont enseignés, autant que
possible, homme par homme, ou au plus
à quatre hommes à la fois. On les fait placer alors sur un rang, à un pas d'intervalle.

L'enseignement des trois derniers articles a lieu en réunissant huit hommes au
moins, ou au plus douze, qu'on fait placer
sur un rang, coude à coude, et numéroter
de la droite à la gauche.

Le soldat exécute les mouvements des
articles II, III, IV, V et VI, d'abord sans
arme, et ensuite avec l'arme.

ARTICLE Ier.

POSITION DU SOLDAT SANS ARME.

9. Les talons sur la même ligne et rapprochés autant que la conformation de l'homme le permet, les pieds un peu moins ouverts que l'équerre et également tournés en dehors, les genoux tendus sans les roidir, le corps d'aplomb sur les hanches et penché en avant, les épaules effacées et également tombantes, les bras pendant naturellement, les coudes près du corps, la paume de la main un peu tournée en dehors, le petit doigt en arrière de la couture du pantalon, la tête droite sans être gênée, les yeux fixés droit devant soi.

ARTICLE II.

A DROITE, A GAUCHE.

10. L'instructeur commande :

1. *Peloton par le flanc droit (* ou *gauche).*
2. A DROITE (OU A GAUCHE).

11. Au second commandement, tour ner sur le talon gauche d'un quart de cercle à droite (ou a gauche), en élevant un peu la pointe du pied gauche; rapporter en même temps le talon droit à côté du gauche et sur la même ligne.

OBSERVATION.

12. Le demi à droite (ou le demi à gauche) s'exécute comme un à droite (ou un à gauche), mais le mouvement n'est que d'un demi-quart de cercle.

DEMI-TOUR A DROITE.

13. Le demi-tour à droite s'exécute en deux temps.

L'instructeur commande :

1. *Peloton.*
2. DEMI-TOUR — A DROITE.

Premier temps.

14. Au commandement de *demi-tour*, faire un demi à droite sur le talon gauche, porter le pied droit en arrière, le milieu du pied vis-à-vis et à huit centimètres du talon gauche.

Second temps:

15. A commandement de *à droite,*
tourner sur les deux talons, en élevant
un peu la pointe des pieds, les jarrets
tendus, faire face en arrière, et rapporter ensuite vivement le talon droit à côté
du gauche.

16. L'instructeur veille à ce que ces
mouvements ne déragent pas la position
du corps.

17. Lorsque l'instructeur veut faire
passer le soldat de l'état d'attention à
celui de repos, il commande:

Repos.

18. A ce commandement, le soldat
n'est plus tenu à garder l'immobilité ni
la position.

19. L'instructeur, voulant lui faire
reprendre la position et l'immobilité,
commande :

1. *Garde à vous.*

2. Peloton.

20. Au premier commandement, le
soldat fixe son attention.

Au second, il reprend la position prescrite n° 9.

OBSERVATION.

21. Lorsque le soldat a l'arme, les à droite, les à gauche et le demi-tour à droite s'exécutent, soit au port d'arme, soit l'arme au pied. Dans ce dernier cas, il soulève légèrement son arme avec la main droite.

ARTICLE III.

PRINCIPES DES DIFFÉRENTS PAS.

PAS ACCÉLÉRÉ.

22. La longueur du pas accéléré est de soixante-cinq centimètres à compter d'un talon à l'autre et sa vitesse de cent dix par minute.

23. L'instructeur, se plaçant à dix ou douze pas du soldat et lui faisant face, explique les principes du pas; il l'exécute lui-même afin de joindre l'exemple au principe, et il commande :

1. *Peloton en avant.*

2. MARCHE.

24. Au premier commandement, le soldat porte le poids du corps sur la jambe droite.

25. Au commandement de *marche*, il porte le pied gauche en avant, à soixante-cinq centimètres du droit, la pointe du pied légèrement tournée en dehors ainsi que le genou ; il pose, sans frapper, le pied gauche à plat, tout le poids du corps se portant sur le pied qui pose à terre. Le soldat porte ensuite la jambe droite en avant, le pied passant près de terre, le pose à la même distance et de la même manière qu'il vient d'être expliqué pour le pied gauche, et continue de marcher ainsi, sans que les jambes se croisent, sans que les épaules tournent, en laissant aux bras un mouvement d'oscillation naturelle, et la tête restant toujours dans la position directe.

26. Lorsque l'instructeur veut arrêter la marche, il commande :

1. *Peloton.*

2. HALTE.

27. Au commandement de *halte*, qui est fait indistinctement sur l'un ou l'au-

tre pied, mais un moment avant qu'il soit prêt à poser à terre , le soldat rapporte le pied qui est en arrière à côté de l'autre sans frapper.

28. L'instructeur indique de temps en temps au soldat la cadence du pas, en faisant le commandement de *un*, quand le pied gauche pose à terre, et celui de *deux* quand c'est le pied droit, et en observant la cadence de cent dix à la minute.

PAS EN ARRIÈRE.

29. Le soldat étant de pied ferme , l'instructeur lui fait quelquefois marcher le pas en arrière ; à cet effet , il commande :

1. *Peloton en arrière.*

2. MARCHE.

30. Au commandemnt de *marche* , le soldat retire vivement le pied gauche en arrière, et le porte à la distance de trente-trois centimètres, à compter d'un talon à l'autre, fait de même du pied droit, et continue jusqu'au commandement de *halte*, qui est toujours précédé de celui de *peloton*. Le soldat s'arrête à ce commandement, en rapportant le pied qui est en avant à côté de l'autre sans frapper.

31. L'instructeur veille à ce que le soldat se porte droit en arrière, et que l'aplomb ainsi que la position du corps soient toujours conservés. La cadence de ce pas est la même que celle du pas accéléré.

OBSERVATIONS.

32. Lorsqu'on montre les principes du pas à deux ou quatre soldats à la fois, on n'exige point qu'ils s'occupent de l'alignement pour ne pas trop partager leur attention ; d'ailleurs, lorsqu'ils ont contracté l'habitude de faire des pas égaux en longueur et en vitesse, ils ont acquis le vrai moyen de conserver l'alignement.

33. Le pas accéléré étant le pas habituel de la troupe, il n'est énoncé dans le commandement d'avertissement que lorsque la troupe, étant en marche à une autre allure, doit prendre ce pas.

PAS GYMNASTIQUE.

34. La longueur du pas gymnastiqué est de quatre-vingt-trois centimètres, et sa vitesse habituelle de cent soixante-cinq par minute.

35. L'instructeur voulant enseigner

au soldat les principes du pas gymnastique , commande :

1. *Peloton en avant.*

2. *Pas gymnastique.*

5. MARCHE.

56. Au premier commandement, le
soldat porte le poids du corps sur la
jambe droite.

57. Au deuxième commandement, il
porte les mains à hauteur des hanches ,
les doigts fermés, les ongles en dedans ,
les coudes en arrière.

58. Au commandement de *marche*, il
porte le pied gauche en avant, la jambe
légèrement ployée, le genou peu élevé ;
pose le pied gauche, la pointe la première, à quatre-vingt-trois centimètres
du droit, et il exécute avec le pied droit
ce qui vient d'être prescrit pour le gauche.
Ce mouvement se continue ainsi en portant le poids du corps sur la jambe qui
pose à terre et en laissant aux bras un
mouvement d'oscillation naturelle.

59. Lorsque l'instructeur veut arrêter la marche, il commande :

1. *Peloton*.

2. Halte.

40. Au commandement de *halte*, le soldat rapporte le pied qui est en arrière à côté de l'autre, et laisse tomber les mains dans le rang à la position du soldat sans arme.

41. L'instructeur indique la cadence du pas, comme il est prescrit no 28.

42. Le pas gymnastique peut s'exécuter à différents degrés de vitesse. Dans les circonstances pressantes, la cadence de ce pas peut être portée à cent quatre-vingts par minute.

43. On recommande au soldat de ne respirer autant que possible, que par le nez, en conservant la bouche fermée. L'expérience a prouvé qu'en se conformant à ce principe, un homme pouvait fournir une course plus longue et avec moins de fatigue.

OBSERVATIONS.

44. La vitesse du pas de route est la même que celle du pas accéléré ; mais il

n'est pas cadencé , et les soldats ne sont plus tenus à marcher du même pied.

45. Les principes du pas de charge sont les mêmes que ceux du pas accéléré ; mais sa vitesse est de cent trente par minute.

MARQUER LE PAS.

46. Le soldat étant en marche, l'instructeur commande :

1. *Marquez le pas.*

2. MARCHE.

47. Au commandement de *marche*, qui est fait un moment avant que le pied soit prêt à poser à terre, le soldat simule le pas , en rapportant les talons à côté l'un de l'autre, sans avancer, et en observant la cadence du pas.

48. Lorsque l'instructeur veut faire reprendre la marche, il commande :

1. *En avant.*

2. MARCHE.

49. Au commandement de *marche*, qui est fait comme il est prescrit ci-dessus , le soldat reprend le pas de soixante cinq centimètres.

CHANGER LE PAS.

50. Le soldat étant en marche, l'instructeur commande:

1. *Changez le pas.*

2. **MARCHE.**

51. Au commandement de *marche,* qui est fait un moment avant que le pied soit prêt à poser à terre, le soldat rapporte le pied qui est en arrière à côté de celui qui vient de poser à terre, et repart de ce dernier pied.

ARTICLE IV.

MOUVEMENT DE TÊTE A DROITE ET A

GAUCHE.

52. L'instructeur voulant apprendre aux soldats à tourner la tête à droite, pour s'aligner, commande :

1. *Tête* — A DROITE.

2. FIXE.

53. Au commandement de *à droite,* les

soldats tournent légèrement la tête à droite, sans brusquer le mouvement, et sans entraîner l'épaule, les yeux fixés sur la ligne des yeux des soldats du même rang.

54. Au commandement de *fixe*, ils replacent la tête dans la position directe, qui doit être la position habituelle du soldat.

55. Le mouvement de *tête à gauche* s'exécute par les moyens inverses.

ALIGNEMENTS.

56. L'instructeur exerce d'abord les soldats à s'aligner homme par homme, afin de leur mieux faire comprendre les principes d'alignement ; à cet effet, il commande aux deux premiers hommes de l'aile droite de marcher deux pas en avant, et les ayant alignés, il avertit successivement chaque soldat, par le commandement de *tel numéro sur la ligne*, de se porter sur l'alignement des deux premiers.

57. Chaque soldat, à cet avertissement, tourne la tête et les yeux à droite comme il est prescrit n° 53, marche dans la cadence du pas accéléré, deux pas en

avant, en raccourcissant le dernier de manière à se trouver à environ seize centimètres en arrière du nouvel alignement qu'il ne doit jamais dépasser ; il se porte ensuite par petits pas, les jarrets tendus, tranquillement et sans saccade, à côté de l'homme auquel il doit appuyer, de manière que, sans déranger la position de sa tête, la ligne de ses yeux ainsi que celle de ses épaules se trouvent dans la direction de celles de son voisin, et qu'il sente très-légèrement le coude de ce dernier.

58. L'instructeur voyant les soldats alignés commande :

FIXE.

59. A ce commandement, les soldats replacent la tête dans la position directe.

60. L'alignement *à gauche* se prend d'après les mêmes principes.

61. Lorsque les soldats ont ainsi appris à s'aligner, homme par homme, correctement et sans tâtonner, l'instructeur fait aligner le rang entier à la fois, par le commandement suivant :

A droite (ou *à gauche*) — ALIGNEMENT.

62. A ce commandement, le rang, à

l'exception des deux hommes placés d'avance pour servir de base d'alignement, se porte au pas accéléré sur la nouvelle ligne, et s'y place d'après les principes prescrits n° 57.

63. L'instructeur, placé à dix ou donze pas en avant et faisant face au rang, veille à l'observation des principes, et se porte ensuite à l'aile qui a servi de base d'alignement, pour le vérifier.

64. L'instructeur voyant le plus grand nombre des soldats alignés, commande :

FIXE.

65. L'instructeur commande ensuite, aux hommes qui ne sont pas alignés, *rentrez* ou *sortez*, en les désignant par leurs numéros. L'homme ou les hommes désignés tournent légèrement la tête du côté de l'alignement, pour juger de combien ils doivent avancer ou reculer, se portent tranquillement sur la ligne, et replacent ensuite la tête dans la position directe.

66. Les alignements en arrière se prennent d'après les mêmes principes. Les soldats se portent un peu en arrière de la ligne et s'y placent ensuite par de

petits mouvements en avant, conformément à ce qui est prescrit n°s 57 et suivants.

L'instructeur commande :

En arrière à droite (ou *à gauche* —

ALIGNEMENT.

OBSERVATIONS.

67. L'instructeur doit s'attacher à ce
que le soldat arrive tranquillement sur la
ligne :

Qu'il ne penche pas le corps en arrière ,
ni la tête en avant ;

Qu'il ne tourne la tête que le moins possible , seulement de manière à voir la
ligne des yeux et à apercevoir légèrement
la poitrine du deuxième homme du côté
de l'alignement;

Qu'il ne dépasse jamais l'alignement ;

Qu'au commandement de *fixe* , il cesse
tout mouvement quand même il ne serait
pas aligné ;

Qu'au commandement de *tel* ou *tel* numéro *rentrez* ou *sortez* , ceux qui n'ont
pas été désignés ne bougent ;

Que dans les alignements en arrière , le
soldat dépasse un peu la ligne en recu-
lant.

68. Lorsque les soldats ont l'arme , les

alignements se font au port d'arme ou l'arme au pied. Dans ce dernier cas, ils soulèvent légèrement leur arme avec la main droite.

ARTICLE V.

MARCHE DE FRONT.

69. Le rang étant correctement aligné, lorsque l'instructeur veut le faire marcher en avant, il place un soldat bien dressé à la droite (ou à la gauche), selon le côté où il veut que soit le guide, et commande :

1. *Peloton en avant.*

2. *Guide à droite (ou à gauche).*

3. MARCHE.

70. Au commandement de *marche*, le rang part vivement du pied gauche, le guide a soin de marcher droit devant lui et de maintenir toujours ses épaules carrément.

71. L'instructeur veille à ce que chaque soldat tienne très légèrement au coude de son voisin du côté du guide ;

Qu'il cède à la pression qui vient de ce

côté, et résiste à celle qui vient du côté opposé ;

Qu'il ne rejoigne qu'insensiblement le coude de son voisin du côté du guide, s'il venait à s'éloigner, ou s'il s'en était lui-même écarté;

Qu'il conserve la tête droite de quelque côté que le guide soit indiqué ;

Qu'il ne se remette que peu à peu sur l'alignement en allongeant ou en raccourcissant le pas d'une manière presque insensible, s'il s'aperçoit qu'il est trop en avant ou trop en arrière.

MARCHE OBLIQUE.

72. Les soldats étant affermis dans les principes de la marche directe, l'instructeur les exerce à marcher obliquement. A cet effet, le rang étant en marche, il commande:

1. *Oblique à droite.*

2. MARCHE.

73. Au commandement de *marche,* qui est fait un moment avant que le pied gauche soit prêt à poser à terre, chaque soldat fait un demi à droite, et marche ensuite droit devant lui dans la nouvelle direction, en donnant de temps en temps

un coup-d'œil sur la ligne des épaules de ses voisins de droite , et en réglant son pas de manière que ses épaules soient placées parallèlement aux épaules de son voisin de ce côté, et que la tête de ce dernier lui cache celles des autres hommes du rang. Tous les soldats doivent conserver l'égalité du pas et le même degré d'obliquité.

74. L'instructeur voulant faire reprendre la direction primitive commande :

1. *En avant.*

2. MARCHE.

75. Au commandement de *marche*, qui est fait un moment avant que le pied droit soit prêt à poser à terre, chaque soldat fait un demi à gauche , et tous marchent ensuite droit devant eux, en se conformant aux principes de la marche directe.

76. L'instructeur fait obliquer *à gauche* d'après les mêmes principes , en faisant le commandement de *marche* un moment avant que le pied droit soit prêt à poser à terre.

77. Lorsque les soldats sont familiarisés

avec ces divers principes et qu'ils sont bien affermis dans la position du corps, le mécanisme, la longueur et la vitesse du pas, l'instructeur les fait passer du pas accéléré au pas gymnastique, et réciproquement.

78. Le rang étant en marche au pas accéléré, l'instructeur commande :

1. *Pas gymnastique.*

2. Marche.

79. Au commandement de *marche*, qui est fait sur l'un ou sur l'autre pied, indistinctement, le rang prend le pas gymnastique. Les hommes s'attachent à observer les principes du pas gymnastique et à conserver l'alignement.

80. Lorsque l'instructeur veut faire reprendre le pas accéléré, il commande :

1. *Pas accéléré.*

2. Marche.

81. Au commandement de *marche*, qui est fait indistinctement sur l'un ou l'autre pied, le rang reprend le pas accéléré.

82. Le rang étant en marche, l'instructeur l'arrête par les commandements et les moyens prescrits n°s 26 et 27.

83. Le rang étant en marche au pas accéléré, l'instructeur lui fait quelquefois marquer et changer le pas par les commandements et les moyens prescrits nos 46 et suivants.

84. Le rang étant en marche au pas accéléré ou au pas gymnastique, l'instructeur voulant lui faire faire demi-tour pour marcher en arrière sans arrêter, commande :

1. *Peloton demi-tour à droite.*

2. MARCHE.

85. Au commandement de *marche*, qui est fait à l'instant où le pied gauche est en l'air, le soldat pose le pied à terre, fait face en arrière en tournant sur ce pied, place le pied droit à côté du gauche dans la nouvelle direction, et repart du pied gauche.

86. Le rang étant de pied ferme, l'instructeur lui fait marcher le pas en arrière; à cet effet, il commande :

1. *Peloton en arrière.*

2. *Guide à gauche* (ou *à droite*).

5. MARCHE.

87. Au commandement de *marche*, les

soldats se portent en arrière, en se conformant aux principes prescrits n° **30**.

CONVERSIONS.

88. Les conversions s'exécutent à *pivot fixe* et à *pivot mouvant.*

89. Dans les conversions à pivot fixe, l'homme qui est au pivot fait à droite (ou à gauche), et dans les conversions à pivot mouvant, il fait le pas de vingt-deux centimètres. Dans l'un et l'autre cas, l'homme qui est à l'aile marchante, doit toujours faire le pas de soixante-cinq centimètres.

CONVERSIONS A PIVOT FIXE.

90. Le rang étant de pied ferme, l'instructeur place un soldat bien dressé à l'aile marchante , pour la conduire, et commande :

1. *Par peloton à droite.*

2. MARCHE.

91. Au commandement de *marche* , l'homme qui est au pivot fait à droite, les autres soldats partent du pied gau-

che et tournent en même temps un peu la tête du côté de l'aile marchante, les yeux fixés sur la ligne des yeux des hommes du rang. L'homme qui conduit l'aile marchante fait le pas de soixante-cinq centimètres, avance un peu l'épaule extérieure, dès le premier pas, jette de temps en temps les yeux sur le rang et sent toujours le coude de l'homme qui est à côté de lui, mais très-légèrement et sans jamais le pousser.

Les autres soldats sentent très-légèrement le coude de leur voisin du côté du pivot, résistent à la pression qui vient du côté opposé, et se conforment au mouvement de l'aile marchante, en faisant le pas d'autant plus petit qu'ils sont plus près du pivot.

L'homme placé à côté du pivot, gagne, en conversant, un peu de terrain en avant, mais sans jamais le masquer.

92. Lorsque l'homme qui est à l'aile marchante est près d'arriver sur la perpendiculaire à la ligne qu'occupait le rang, l'instructeur commande :

1. *Peloton.*

2. HALTE.

93. Au commandement de *halte,* qui est

fait lorsque l'homme de l'aile marchante
est arrivé à trois pas de la perpendicu-
faire, le rang s'arrête, et aucun homme
ne bouge plus. L'instructeur place les
deux premiers hommes de l'aile marchante sur l'alignement de l'homme du
pivot, ayant soin de ne laisser entre
eux et le pivot que l'espace nécessaire
pour y encadrer tous les autres. Il commande ensuite :

A gauche (ou *à droite*) — ALIGNE-
MENT.

94. A ce commandement, le rang se
place sur l'alignement des deux hommes
qui doivent servir de base, en se conformant aux principes prescrits n° 62.

95. L'instructeur commande ensuite :

FIXE.

96. Il faut converser *à gauche* d'après
les mêmes principes.

CONVERSIONS A PIVOT MOUVANT.

97. Lorsque les soldats exécutent bien

les conversions à pivot fixe, on les exerce à converser à pivot mouvant.

98. Le rang étant en marche, lorsque l'instructeur veut lui faire changer de direction, du côté opposé au guide, il commande :

1. *A droite* (ou *à gauche*) *conversion.*

2. Marche.

99. Le premier commandement est fait lorsque le rang est à quatre pas du point de conversion.

100. Au commandement de *marche*, la conversion s'exécute de la même manière qu'à pivot fixe, excepté que le tact des coudes reste du côté du guide, que l'homme qui est au pivot, au lieu de faire à droite (ou à gauche), se conforme au mouvement de l'aile marchante, sent très-légèrement le coude de son voisin, fait le pas de vingt-deux centimètres, et gagne ainsi du terrain en avant, et décrivant une petite courbe de manière à dégager le point de conversion ; le milieu du rang cintre un peu en arrière. Aussitôt que le mouvement commence, l'homme qui conduit l'aile marchante jette les yeux sur la terrain qu'il doit parcourir.

101. La conversion étant achevée, l'instructeur commande :

1. *En avant.*

2. MARCHE.

102. Le premier commandement est prononcé lorsqu'il reste quatre pas à faire pour que la conversion soit achevée.

103. Au commandement de *marche*, qui est fait à l'instant où la conversion est achevée, l'homme qui conduit l'aile marchante se dirige droit en avant; l'homme qui est au pivot et tout le rang reprennent le pas de soixante-cinq centimètres, et replacent la tête directe.

CHANGEMENTS DE DIRECTION DU COTÉ DU GUIDE.

104. Les changements de direction du côté du guide s'exécutent ainsi qu'il suit; l'instructeur commande :

1. *Tournez à gauche* (ou *à droite*).

2. MARCHE.

105. Le premier commandement est

prononcé lorsque le rang est à quatre pas
du point où il doit changer de direction.

106. Au commandement de *marche*, qui
est fait à l'instant où le rang doit tourner,
le guide fait à gauche (ou à droite) en
marchant , et se prolonge dans la nouvelle direction sans ralentir ni accélérer
la cadence , sans allonger ni raccoucir
la mesure du pas. Chaque soldat avance
l'épaule opposée au guide et accélère la
cadence pour se porter dans la nouvelle
direction; lorsqu'il arrive sur l'alignement
du guide, il tourne la tête et les yeux de
son côté, joint le coude de son voisin du
même côté, prend le pas du guide et replace ensuite la tête et les yeux dans la
position directe. Les soldats arrivent ainsi
successivement sur l'alignement du
guide.

107. Lorsque les soldats comprennent et
exécutent bien, au pas accéléré, les conversions à pivot fixe et à pivot mouvant,
les changements de direction du côté du
guide, l'instructeur leur fait répéter les
mêmes mouvements au pas gymnastique.

OBSERVATIONS.

108. Lorsque les soldats ont l'arme, les

6

mouvements de l'article y sont exécutés au port d'arme ou l'arme sur l'épaule droite. Dans la marche au pas gymnastique, ils mettent d'eux-mêmes l'arme sur l'épaule droite, au commandement de *pas gymnastique*, et saisissent avec la main gauche le fourreau du sabre-baïonnette près de l'extrémité inférieure qu'ils ramènent en avant. Au commandement de *halte*, ils abandonnent le fourreau du sabre-baïonnette de la main gauche.

109. Toutes les fois qu'au commandement de *marche*, les soldats ont l'arme au pied, ils portent l'arme sur l'épaule droite en se mettant en marche ; et toutes les fois qu'au commandement de *halte*, ils ont l'arme sur l'épaule droite, ils mettent, en s'arrêtant, l'arme au pied. Cette règle est générale.

ARTICLE VI.

MARCHE PAR LE FLANC.

110. Le rang étant de pied ferme et correctement aligné, l'instructeur commande :

1. *Peloton par le flanc droit.*

2. A DROITE.

3. *Peloton en avant.*

4. MARCHE.

111. Au deuxième commandement, le rang fait à droite ; les numéros pairs, en faisant à droite, se portent vivement à hauteur et à la droite des numéros impairs, de manière qu'après l'exécution du mouvement, les files se trouvent formées de deux hommes coude à coude.

112. Au commandement de *marche*, le peloton part vivement du pied gauche ; les files restent alignées et conservent leurs distances ; les soldats marchent, dans chaque rang, les uns derrière les autres, de manière que la tête de l'homme qui précède immédiatement chaque soldat lui cache celles de tous ceux qui sont devant lui.

113. L'instructeur fait marcher par *le flanc gauche* par les commandements prescrits n° 119, en substituant l'indication de *gauche* à celle de *droite*. Le rang fait à gauche, et les numéros impairs, en faisant à gauche, se portent vivement à hauteur et à la gauche des numéros pairs.

114. L'instructeur place un homme bien dressé à côté du soldat qui est en tête du rang doublé, pour régler son pas et le conduire, et il est recommandé à ce soldat

de marcher exactement coude à coude avec
l'homme qui doit le diriger.

115. L'instructeur se place habituellement à cinq ou six pas sur le flanc des
hommes qu'il instruit, afin de voir si les
files marchent à leurs distances ; il se porte
aussi quelquefois derrière le rang doublé,
s'arrête et lui laisse parcourir quinze ou
vingt pas , afin d'observer si les hommes
marchent bien les uns derrière les autres.

ARRÊTER LE RANG ET LUI FAIRE FAIRE FRONT.

116. Lorsque l'instructeur veut arrêter
le rang marchant par le flanc et lui faire
faire front, il commande :

1. *Peloton.*

2. HALTE.

3. FRONT.

117. Au deuxième commandement, le
peloton s'arrête et aucun soldat ne bouge
plus, quand même il aurait perdu sa
distance.

118. Au troisième commandement,
chaque soldat fait front, par un *à gauche,*

si l'on a marché par le flanc droit, et par
un *à droite*, si l'on a marché par le flanc
gauche. Les soldats qui se trouvent derrière dédoublent en même temps pour se
porter vivement à leurs places dans le
rang.

CHANGEMENTS DE DIRECTION PAR FILE.

119. Lorsque les soldats ont acquis
l'habitude de la marche par le flanc, l'instructeur les exerce à changer de direction par file; à cet effet, il commande:

1. *Par file à gauche* (ou *à droite*).

2. **Marche.**

120. Au commandement de *marche* la
première file change de direction à gauche (ou à droite), en décrivant un petit
arc de cercle. Les deux hommes de cette
file restent coude à coude; celui qui se
trouve du côté où l'on converse raccourcit les trois ou quatre premiers pas afin
de donner le temps à l'autre de se con-
former à son mouvement, et la file marche
ensuite droit devant elle. Chaque file
vient successivement changer de direc-

tion à la même place que celle qui la précède.

121. L'instructeur fait aussi exécuter les *à droite* et les *à gauche* en marchant ; à cet effet, il commande :

1. *Peloton par le flanc droit (ou gauche).*

2. MARCHE.

122. Au commandement de *marche*, qui est fait un moment avant que le pied gauche (ou le pied droit) soit prêt à poser à terre, que l'on doive faire à droite (ou à gauche), les soldats tournent le corps, portent le pied qui est levé dans la nouvelle direction, et continuent la marche sans altérer la cadence ; les files doublent ou dédoublent rapidement.

123. Le dédoublement des files a lieu comme il est prescrit n° 118.

Le doublement se fait toujours en dedans de l'alignement, et les files doublées se composent toujours des deux mêmes hommes, dont l'un a un numéro impair, et l'autre, le numero pair immédiatement au-dessus. Ainsi, les numéros

un et *deux*, *trois* et *quatre*, *cinq* et *six*
doublent toujours entre eux. Lorsque le
rang fait par le flanc. C'est celui des deux
hommes qui se trouve en arrière qui double sur celui qui est en avant.

124. Les principes de la marche par le
flanc au pas gymnastique sont les mêmes
qu'au pas accéléré. L'instructeur fait pré-
céder le commandement de *marche* de
celui de *pas gymnastique*.

125. L'instructeur exerce quelquefois le
rang à marcher par le flanc sans doubler
les files. Il fait les commandements prescrits no 110 ; mais il a soin de prévenir les
hommes de ne pas doubler les files. Il
veille à ce que la cadence et les distances
ne se perdent pas.

Les principes de cette marche sont les
mêmes, mais dans les changements de direction, le premier homme du rang change
de direction sans altérer la longueur ni la
cadence du pas.

OBSERVATION.

126. Lorsque les hommes ont l'arme, ils
exécutent les mouvements de l'article vi,
au port d'arme, ou l'arme au bras, ou
l'arme sur l'épaule droite. Lorsqu'ils sont
en marche, l'arme au bras, ils doivent
avoir la main droite à la poignée de l'arme.

SECONDE PARTIE.

127. L'article 1 est enseigné aux soldats dans les théories faites dans les chambres.

128. Les articles II, III, IV, V et VI sont enseignés en réunissant deux ou quatre hommes, que l'on fait placer coude à coude sur un rang ; lorsque les hommes sont bien affermis dans les principes, ils sont réunis par groupes plus nombreux, et on leur fait répéter sur deux rangs les mouvements de ces cinq articles.

129. La baïonnette ne se met au bout du canon que pour former les faisceaux, croiser la baïonnette, ou exécuter l'escrime à la baïonnette.

ARTICLE Ier.

DÉMONTAGE ET REMONTAGE DE L'ARME.

130. Ordre suivant lequel s'opère le démontage :

1° *Le sabre-baïonnette ;*

2° *La bretelle ;*

3° *La baguette ;*

4° *La vis-arrétoir,* qui ne doit être desserrée que de trois filets ;

5° *La culasse mobile ;* il faut presser sur la détente quand on retire la culasse mobile de la boîte ; la culasse mobile doit être retirée avec précaution, et la gâchette doit être rencontrée par la tête mobile et la rondelie, qu'elle dégraderait si elle faisait saillie sur le fond de la boîte de culasse ;

6° *La vis de culasse ;*

7° *L'embouchoir ;*

8° *La grenadière ;*

9° *Le canon,* sur lequel on remarque le guidon servant à viser et son embase ; le petit tenon, le grand tenon et la directrice servant à fixer le sabre-baïonnette ; la hausse qui comprend : le pied présentant des gradins pour le placement du curseur aux petites distances ; la planche mobile graduée sur le côté gauche par le tir aux distances variant de 100 en 100 mètres, et sur le côté droit en millimètres pour le tir aux distances intermédiaires ; le curseur, qui porte le cran de mire mobile ;

10° *Les deux vis de sous garde ;*

11° *Le Pontet ;*

12° *La pièce de détente.*

[Ces trois dernières pièces ne sont démontées que sur l'ordre d'un sous-officier ou d'un officier.]

Les pièces doivent être rangées par ordre au fur et à mesure qu'on les démonte.

Le remontage s'opère dans l'ordre inverse du démontage. Avoir soin de mettre à fond la vis de ressort de gâchette.

Les pièces non-indiquées dans cette nomenclature ne doivent jamais être démontées par le soldat ; elle sont nettoyées en place.

ORDRE A SUIVRE POUR DÉMONTER LA

CULASSE MOBILE.

131. 1° Mettre le chien à l'abattu ;

2° Dévisser le bouchon avec la clef de

la lame du tourne-vis, en tenant le levier dans la main gauche et retirer le
chien du cylindre ;

3° Saisir le ressort à boudin près du
manchon avec le pouce et le premier doigt
de la main gauche, appuyer la tête du
chien contre la poitrine, faire effort pour
ramener légèrement le ressort en arrière;
enlever avec la main droite l'aiguille et
son manchon ;

4° Séparer l'aiguille et le manchon ;

5° Le ressort à boudin ;

6° Le bouchon ;

7° Desserrer la vis-arrêtoir de la tête
mobile, sans la retirer de son trou ;

8° La tête mobile et la rondelle en
caoutchouc;

9° Séparer la tête mobile de la rondelle en caoutchouc.

REMONTAGE DE LA CULASSE MOBILE.

132. Le remontage s'opère dans un ordre inverse, en observant les recomman-
dations suivantes :

Pour placer le manchon sur le porte-
aiguille : tenir l'aiguille entre le pouce

et l'index, en appuyant le médium sur le manchon pour maintenir la tête de l'aiguille dans son logement, coiffer avec le manchon le T du porte-aiguille en faisant légèrement effort sur le ressort à boudin.

Pour réunir le chien au cylindre : tenir le cylindre verticalement et par le levier avec la main gauche, engager avec précaution l'aiguille dans l'intérieur du cylindre, de manière à ne pas émousser la pointe, engager la pièce d'arrêt dans la rainure de départ, tenir la culasse mobile horizontalement dans la main gauche, prendre la clef avec la main droite et serrer le bouchon jusqu'à ce qu'il porte à fond sur le cylindre.

Pour replacer la culasse mobile dans la boîte : amener le chien dans la direction du renfort, introduire la culasse mobile dans la boîte en appuyant sur la détente pour faire descendre la gâchette, rabattre le levier à droite, désarmer et serrer la vis-arrêtoir.

RÈGLES GÉNÉRALES A OBSERVER.

133. Pour détacher le canon du bois quand on a enlevé l'embouchoir, la grena-

dière et la vis de culasse, il faut renverser l'arme dans la main gauche, la sous-garde en dessus, la bouche du canon vers la terre, frapper avec la main droite sur la poignée jusqu'à ce que le canon soit dégagé de son canal et le maintenir avec les doigts de la main gauche ; l'enlever tout à fait de la main droite.

Le soldat ne doit jamais frapper aucune pièce de ses armes avec la virolle du manche de tourne-vis ou avec tout autre objet en fer, parce qu'il occasionerait ainsi des mutilations.

Les pièces de la sous-garde ne sont démontées que sur l'ordre d'un sous-officier ou d'un officier, et cet ordre ne doit être donné que lorsque le démontage est reconnu indispensable.

Il est absolument interdit de chercher à séparer le canon et la boîte de la culasse dans l'intérieur des compagnies, sous quelque prétexte que ce soit.

Il est essentiel, en replaçant le ressort de gâchette sous le canon, de bien serrer à fond la vis du ressort; en négligeant cette recommandation, on court le risque de diminuer la saillie de la gâchette sur le fond de la boîte de culasse et de ne plus

donner un arrêt suffisant au cran de la
noix.

En général, toutes les vis doivent être
serrées à fond.

La plaque de couche, les ressorts de
garniture et le battant de crosse doivent
toujours être nettoyés en place.

Il est interdit d'ôter les vis de plaque,
les vis de battant de crosse et la vis de
croisière du sabre-baïonnette.

ENTRETIEN DE L'ARME.

154. Après le tir, lorsque le soldat
lave son arme, il sépare le canon de la
monture, et après avoir fixé au bout fileté de la baguette le lavoir, dans lequel
il passe une bande de linge de trois centimètres environ de largeur, il plonge la
bouche du canon dans l'eau contenue
dans un baquet en bois, si c'est possible,
pour ne pas dégrader le canon, et il
lave l'âme en enfonçant le lavoir par le
tonnerre et en imprimant à la baguette un
mouvement de va-et-vient; il change l'eau
jusqu'à ce que tous les résidus de poudre
soient enlevés. Il fait ensuite égoutter le
canon, la bouche en bas, il enlève le

linge mouillé qu'il remplace par un linge sec, et il essuie l'âme jusqu'à ce qu'il ne reste plus d'humidité. Il graisse ensuite le canon intérieurement et extérieurement avec un morceau de drap imprégné de graisse.

Culasse mobile. — La culasse mobile doit être l'objet des soins soutenus et attentifs du soldat et de la surveillance incessante des officiers et des sous officiers.

Après le tir, le soldat démonte entièrement la culasse mobile; le cylindre est lavé à l'eau, puis essuyé et graissé convenablement à l'intérieur et à l'extérieur; l'aiguille, le manchon, le ressort à boudin, le bouchon et le chien sont soigneusement essuyés, puis graissés. La rondelle en caoutchouc ne doit jamais être graissée ni huilée ; elle est essuyée avec un linge sec, sans jamais être grattée avec l'ongle ou avec un instrument quelconque. On évite, autant que possible, de laver la tête mobile, à cause de la difficulté de l'essuyer convenablement à l'intérieur ; le soldat se borne à y introduire à l'aide de la spatule une ou deux gouttes d'huile par l'orifice antérieur. Les filets du bouchon sont graissés avant de remettre en place cette pièce.

Monture. — Essuyer la monture avec un linge sec, et, au besoin, la frotter avec un morceau de drap imbibé d'huile.

Pièces en fer et en acier non rouillées. — Les frotter avec un linge sec, puis les passer à la pièce grasse.

Pièces rouillées. — Si les pièces sont légèrement rouillées, les frotter avec un linge couvert de brique brûlée, pulvérisée, tamisée et délayée dans la graisse. Si les pièces sont fortement rouillées, employer l'émeri préparé comme la brique, et frotter avec des curettes de bois tendre ou avec une brosse rude. Essuyer ensuite les pièces avec un linge sec et ne jamais laisser ni émeri, ni brique, ni aucune autre substance dans les trous des vis ou dans les encastrements. Quand on frotte le canon ou la lame du sabre, les poser à plat sur une table ou sur un banc, afin de ne point les fausser. Finir par le graissage des pièces.

Pièces en cuivre. — La poignée du sabre-baïonnette se nettoie avec du tripoli ou de la brique pilée et un peu de vinaigre ou d'eau-de-vie, en frottant avec un linge ou un morceau de drap.

ACCESSOIRES.

135. *Le nécessaire d'armes* se compose de sept pièces, savoir :

1° *La boîte*, dans laquelle on remarque le fond percé d'une fente pour la lame du tourne vis ;

2° *L'huilier*, comprenant : le vase à l'huile, la vis-bouchon et la rondelle en cuir ;

3° *La lame du tourne-vis* ;

4° *La clef* ;

5° *La trousse en drap*, présentant un compartiment pour la lame du tourne-vis et un deuxième pour la clef ;

6° *La spatule-curette* ;

7° *Le lavoir* ;

Le soldat doit avoir en outre :

Pièces de rechange. { Un ressort à boudin, { dans un étui en fer-blanc ; Deux aiguilles, Une tête mobile ; Une rondelle en caoutchouc ;

De la graisse ;
Une pièce grasse en drap, } dans une boîte en fer-blanc ;
Une brosse douce à graisser,
Quelques morceaux de vieux linge,
Des curettes de bois tendre.

7

Chaque soldat est pourvu d'un nécessaire d'armes. Le chef d'escouade possède, en outre, une *grande curette en acier.*

OBSERVATIONS.

136. Le poli brillant pour les pièces en fer et en acier est expressément défendu; les pièces, légèrement onctueuses, doivent être d'un blanc mat.

Les pièces en cuivre ne doivent jamais être graissées.

On a soin de mettre une goute d'huile à toutes les pièces qui éprouvent un frottement.

Dans les chambres, les armes sont toujours déchargées et à l'abattu.

Le chien doit toujours être au cran de sûreté quand l'arme est chargée et que l on ne veut pas tirer immédiatement.

Le chien est mis au cran de sûreté pour tous les exercices.

Quand une arme n'est pas en service on doit enlever la rondelle de caoutchouc. Cette précaution a pour but de prévenir l'oxydation du métal qui résulterait du contact du caoutchouc et de la boîte de culasse par des temps ou dans des lieux humides.

INSPECTION DES ARMES.

157. Avant chaque tir, et en général toutes les fois que la troupe prend les armes, les sergents de demi-section doivent s'assurer que les armes sont en parfait état, et que le mécanisme de la culasse mobile fonctionne bien.

Leur attention se porte particulièrement :

1° Sur la vis-bouchon, qui doit être serrée à fond ;

2° Sur l'aiguille qui ne doit être ni faussée ni émoussée, et qui doit avoir la saillie réglementaire. Cette saillie, le chien étant à l'abattu, doit être de neuf millimètres, mais ne peut être au-dessous de huit millimètres ;

3° Sur la tête mobile, qui ne doit pas être ébréchée et dont le jeu ne doit pas être entravé par une pression trop forte de la vis-arrêtoir ;

4° Sur la rondelle en caoutchouc, qui doit être dans un état de conservation suffisant pour fermer toute issue aux gaz;

5° Sur la chambre de l'étui à poudre, qui doit être essuyée avec un linge sec ; parce que si elle était onctueuse, on pourrait avoir des ratés du premier coup ;

6° Sur l'âme, dans laquelle on fait passer la baguette pour s'assurer qu'il n'y reste ni chiffons ni corps étrangers qui occasionneraient probablement des éclatements ;

7° Sur le ressort à boudin, qui peut être trop faible ; le ressort placé sur la tige porte-aiguille, et reposant sur le bouchon fileté, a une élasticité convenable lorsqu'il dépasse la tête de la tige de deux ou trois spires ;

8° Sur la tige porte-aiguille ; si l'on constate que la tranche de cette tige fait saillie sur la tranche du chien, cela provient de ce que la goupille de la noix est cassée ou faussée. Il s'ensuit que l'aiguille peut faire saillie pendant la charge et amener le départ accidentel du coup. Dans ce cas l'arme doit être réparée immédiatement.

Après le tir on examine spécialement les armes qui n'ont pas fonctionné régulièrement.

Quand il y a ballottement de la tige

porte-aiguille dans le chien, la culasse mobile doit être réparée.

Quand un fusil donne au bout de quelques coups un encrassement notable dans l'intérieur du cylindre, on fait vérifier par le chef armurier les dimensions du trou du passage de l'aiguille et du trou du grain; ces pièces sont changées s'il en est besoin.

En règle générale . un fusil, signalé comme défectueux dans le tir, doit être soumis à l'examen du chef armurier.

ARTICLE II.

MANIEMENT DES ARMES.

138. L'exécution de chaque commandement ne forme qu'un temps, mais ce temps est divisé en mouvements, afin d'en mieux faire connaître le mécanisme aux soldats.

139. La vitesse de chacun des mouvements du maniement des armes, sauf les exceptions indiquées ci-après, est fixée à un quatre-vingt dixième de minute; mais afin de ne pas fatiguer l'attention des soldats, on ne s'attache d'abord qu'à l'exécution des mouvements, sans exiger qu'ils

s'occupent de la cadence, à laquelle on
ne les astreint que progressivement et
lorsqu'ils sont familiarisés avec le maniement de leur arme.

140 Les mouvements relatifs au placement et au déplacemeut du sabre-baïonnette ne peuvent pas être exécutés avec la
vitesse qui vient d'être prescrite, ni même
avec une vitesse uniforme. Ils ne sont
donc point soumis à cette cadence. L'instructeur s'attache à faire exécuter ces
mouvements avec promptitude, et surtout
avec régularité.

141. La dernière syllabe du commandement décide l'éxécution brusque et vive
du premier mouvement de chaque temps,
les commandements de *deux* et de *trois*
décident celle des autres mouvements.
Dès que le soldat connaît la position des
divers mouvements d'un temps, on lui
montre à l'exécuter sans s'arrêter sur ces
mouvements, mais il en observe le mécanisme, afin d'assurer l'arme et d'éviter les
inconvénients qui résultent de ce qu'on
appelle *escamoter l'arme*.

PRINCIPES DU PORT D'ARME.

142. Le soldat étant placé comme il

est expliqué dans le premier article de la première partie, l'instructeur lui fait ployer légèrement le bras droit et place l'arme de la manière suivante :

143. L'arme dans le bras droit et au défaut de l'épaule, le canon en arrière et d'aplomb, le bras droit presque allongé, la main droite embrassant le chien et la sous-garde, le pouce au-dessus de la sous-garde, le premier doigt dessous, le petit doigt au-dessus de la crête du chien, les autres au-dessous; la crosse à plat le long de la cuisse droite, le bras gauche pendant naturellement, comme il est pres crit dans le premier article de la première partie.

144. Le maniement des armes est montré dans la progression suivante:
L'instructeur commande :

L'Arme—AU BRAS.

Un temps et trois mouvements.

Premier mouvement.

145. Porter l'arme avec la main droite, d'aplomb vis-à-vis le milieu du corps, la baguette en avant, la saisir de la main gauche au-dessous de la grenadière, la

relever à hauteur du menton , et porter
en même temps la main droite à la poignée.

Deuxième mouvement.

146. Tourner l'arme avec la main
droite, le canon en avant, la placer à
l'épaule gauche , et passer l'avant-bras
gauche étendu sur la poitrine, entre le
chien et le levier qui est appuyé sur
l'avant-bras , la main sur le téton droit.

Troisième mouvement.

147. Laisser tomber vivement la main
droite dans le rang.

148. Les soldats étant l'arme au bras,
si l'instructeur veut les faire reposer, il
commande :

REPOS.

149. A ce commandement, les soldats
portent vivement la main droite à la poignée de l'arme, et ne sont plus tenus à
garder l'immobilité ni la position.

150. Lorsque l'instructeur veut faire

passer les soldats de l'état de repos à celui d'immobilité , il commande :

1. *Garde à vous.*

2. Peloton.

151. Au second commandement, les soldats reprennent la position du troisième mouvement de *l'arme au bras.*

Portez — VOS ARMES.

Un temps et trois mouvements.

Premier mouvement.

152. Empoigner l'arme avec la main droite, à la poignée, la saisir avec la main gauche au-dessous de la grenadière ; la détacher de l'épaule sans que le bec de la crosse change de place, l'arme d'aplomb vis-à-vis l'épaule, le coude joint à l'arme.

Deuxième mouvement.

153. Porter l'arme avec les deux mains, d'aplomb contre l'épaule droite, la baguette en avant, tourner la main droite pour embrasser le chien et la sous-

garde, glisser en même temps la main gauche à hauteur de l'épaule, les doigts ouverts et joints, le bras droit presque allongé.

Troisième mouvement.

154. Laisser tomber vivement la main gauche dans le rang.

Présentez— VOS ARMES.

Un temps et deux mouvements.

Premier mouvement.

155. Porter l'arme avec la main droite, d'aplomb vis-à-vis le milieu du corps, la baguette en avant; empoigner en même temps brusquement l'arme avec la main gauche, à hauteur de la hausse, le pouce allongé le long du canon contre la monture, l'avant-bras collé au corps sans être gêné, la main à la hauteur du coude.

Deuxième mouvement.

156. Empoigner l'arme avec la main droite au-dessous et contre la sous-garde.

Portez—VOS ARMES.

Un temps et deux mouvements.

Premier mouvement.

157. Tourner la main droite pour embrasser le chien et la sous-garde; porter l'arme avec cette main, d'aplomb contre l'épaule droite, glisser la main gauche à hauteur de l'épaule, les doigts ouverts et joints, le bras droit presque allongé.

Deuxième mouvement.

158. Laisser tomber vivement la main gauche dans le rang.

Reposez-vous—SUR VOS ARMES.

Un temps et deux mouvements.

Premier mouvement.

159. Saisir brusquement l'arme avec la main gauche, à hauteur de l'épaule, la détacher en même temps avec la main droite; lâcher l'arme de cette main, la descendre de la main gauche, la ressai-

sir avec la main droite au-dessus de la grenadière, le petit doigt derrière le canon, l'arme d'aplomb, la main droite appuyée à la hanche, le talon de la crosse dirigé sur le côté de la pointe du pied droit, et laisser tomber vivement la main gauche dans le rang.

Deuxième mouvement.

160. Laisser glisser l'arme dans la main droite, en ouvrant un peu les doigts, et prendre la position du soldat reposé sur l'arme.

161. La main basse, le canon entre le pouce et le premier doigt allongé le long de la monture, les trois autres doigts allongés et joints, le bout du canon à environ 5 centimètres du bras droit, la baguette en avant, le talon de la crosse à côté et contre la pointe du pied droit, l'arme d'aplomb.

162. Lorsque l'instructeur veut faire reposer dans cette position, il commande :

REPOS.

163. A ce commandement, les soldats

passent la main droite étendue sur l'arme qu'ils appuient contre le corps.

164. Lorsque l'instructeur veut faire passer les soldats de l'état de repos à celui d'immobilité, il commande :

1. *Garde à vous.*

2. PELOTON.

165. Au second commandement, les hommes reprennent la position du soldat reposé sur l'arme.

Portez—VOS ARMES.

Un temps et deux mouvements.

Premier mouvement.

166. Elever l'arme verticalement avec la main droite, à hauteur du téton droit, vis-à-vis l'épaule, à 5 centimètres du corps, le coude droit y restant joint; saisir l'arme de la main gauche au-dessous de la main droite, et descendre aussitôt la main droite pour embrasser le chien et la sous-garde, en appuyant l'arme à l'épaule, le bras droit presque allongé.

Deuxième mouvement.

167. Laisser tomber vivement la main gauche dans le rang.

Baïonnette — AU CANON.

Un temps et trois mouvements.

Premier mouvement.

168. Saisir brusquement l'arme avec la main gauche, à hauteur de l'épaule, la détacher un peu avec la main droite.

Deuxième mouvement.

169. Lâcher l'arme de la main droite, la descendre de la main gauche, vis-à-vis le milieu du corps, la baguette en arrière, poser la crosse à terre entre les pieds, sans frapper; le canon vertical, l'extrémité à 8 centimètres de la poitrine; saisir l'embouchoir avec la main droite, porter la main gauche renversée à la poignée du sabre baïonnette.

Troisième mouvement.

170. Tirer le sabre-baïonnette, le fixer

au bout du canon, empoigner l'arme avec la main gauche, le bras allongé, la main droite restant à l'embouchoir.

Portez—VOS ARMES.

Un temps et deux mouvements.

Premier mouvement.

171. Elever l'arme avec la main gauche, la porter contre l'épaule droite, la baguette en avant ; descendre en même temps la main droite pour embrasser le chien et la sous-garde, le bras droit presque allongé.

Deuxième mouvement.

172. Laisser tomber vivement la main gauche dans le rang.

173. Les soldats étant reposés sur les armes, si l'instructeur veut faire mettre la baïonnette au canon, il commande :

Baïonnette—AU CANON.

Un temps et un mouvement.

174. Saisir brusquement l'arme avec la

main gauche, au-dessous et près de l'embouchoir, apporter l'arme avec les deux mains vis-à-vis le milieu du corps, la baguette en arrière, la crosse entre les pieds, le canon vertical, l'extrémité à huit centimètres de la poitrine ; porter la main gauche renversée au sabre-baïonnette, le tirer du fourreau, le fixer au bout du canon, et reprendre la position du soldat reposé sur l'arme.

175. Les soldats étant au port d'arme, lorsque l'instructeur veut faire croiser la baïonnette, il commande :

Croisez—LA BAÏONNETTE.

Un temps et deux mouvements.

Premier mouvement.

176. Elever l'arme avec la main droite, la saisir avec la main gauche au-dessous de la grenadière, le pouce par-dessus le canon, faire un demi à droite sur le talon gauche, placer en même temps le pied droit en équerre, le milieu du pied vis-à-vis et environ à 8 centimètres du talon gauche.

Deuxième mouvement.

177. A battre l'arme avec les deux mains, le canon en-dessus, le coude gauche appuyé au corps ; saisir en même temps l'arme à la poignée avec la main droite, qui vient s'appuyer contre la hanche, la pointe de la baïonnette à la hauteur de l'œil.

Portez — VOS ARMES.

Un temps et deux mouvements.

Premier mouvement.

178. Redresser vivement l'arme avec la main gauche, en revenant face en avant la placer contre l'épaule droite, la baguette en avant ; tourner la main droite pour embrasser le chien et la sous-garde, glisser la main gauche à hauteur de l'épaule, les doigts ouverts et joints, le bras droit presque allongé.

Deuxième mouvement.

179. Laisser tomber vivement la main gauche dans le rang.

8

Remettez — LA BAÏONNETTE.

Un temps et trois mouvements.

Premier et deuxième mouvements.

180. Comme le premier et le deuxième mouvements de *baïonnette au canon*, excepté qu'à la fin du second mouvement le pouce de la main droite se place sur le ressort du sabre-baïonnette et la main gauche embrasse la poignée et le canon.

Troisième mouvement.

181. Faire effort du pouce de la main droite sur le ressort, enlever la baïonnette, la renverser à droite, la pointe en bas, descendre la croisière contre la main droite, qui saisit la lame avec le pouce et les deux premiers doigts allongés, les deux derniers contenant l'arme; retourner la main gauche sans quitter la poignée, mettre le sabre-baïonnette dans le fourreau et saisir l'arme avec la main gauche, le bras allongé.

Portez — VOS ARMES.

182. Comme il est prescrit nᵒˢ 171 et 172.

183. Si les soldats sont reposés sur les armes, et que l'instructeur veuille faire remettre la baïonnette, les soldats exécutent ce qui est prescrit n° 174, excepté que le pouce de la main droite se place sur le ressort du-sabre-baïonnette et que la main gauche embrasse la poignée et le canon : ils se conforment ensuite aux prescriptions du n° 181 et reprennent la position du soldat reposé sur l'arme.

L'arme sur l'épaule — DROITE.

Un temps et deux mouvements.

Premier mouvement.

184. Elever l'arme avec la main droite verticalement vis-à-vis l'épaule, la baguette en avant, la saisir de la main gauche au-dessous de la grenadière ; placer en même temps la main droite sur le plat de la crosse, de manière que le bec se trouve entre les deux premiers doigts, les deux derniers sous la crosse.

Deuxième mouvement.

185. Lâcher l'arme de la main gauche,

achever de l'élever de la droite, la porter
sur l'épaule droite, le levier en dessus,
laisser tomber vivement la main gauche
dans le rang.

Portez — VOS ARMES.

Un temps et deux mouvements.

Premier mouvement.

186. Redresser l'arme verticalement
en allongeant vivement le bras droit de
toute sa longueur, la baguette en avant :
saisir en même temps l'arme avec la main
gauche au-dessous de la grenadière.

Deuxième mouvement.

187. Abandonner la crosse de la main
droite, qui embrasse aussitôt le chien et
la sous-garde, achever de descendre
l'arme avec la main droite, glisser la
main gauche à hauteur de l'épaule, les
doigts ouverts et joints, et prendre la position du port d'armes.

188. Les soldats étant reposés sur les
armes, si l'instructeur veut faire mettre
l'arme sur l'épaule droite, il commande :

L'arme sur l'épaule — DROITE.
Un temps et trois mouvements.

Premier mouvement.

189. Elever l'arme verticalement, la main droite à hauteur des yeux, la baguette en avant ; la saisir en même temps avec la main gauche à la poignée.

Deuxième mouvement.

190. Achever d'élever l'arme avec la main gauche pour la porter sur l'épaule droite ; lâcher l'arme de la main droite et descendre vivement cette main sur la crosse, comme il est expliqué n° 184.

Troisième mouvement.

191. Laisser tomber vivement la main gauche dans le rang.

Reposez-vous — SUR VOS ARMES.
Un temps et trois mouvements.

Premier mouvement.

192. Comme il est prescrit n° 186.

Deuxième mouvement.

193. Lâcher la crosse de la main droite; descendre l'arme avec la main gauche le long et près du corps, la saisir au-dessus de la grenadière avec la main droite, qui est appuyée à la hanche et laisser tomber vivement la main gauche dans le rang.

Troisième mouvement.

194. Comme il est prescrit n° 160.

L'arme — A VOLONTÉ.

Un temps et un mouvement

195. Porter l'arme indifféremment sur l'une ou l'autre épaule, l'extrémité du canon en l'air.

Portez — VOS ARMES.

196. Reprendre vivement la position du port d'arme.

197. Les soldats étant sur deux rangs, reposés sur les armes et ayant la baïon-

nette au canon, si l'instructeur veut faire former les faisceaux, il commande :

Formez — LES FAISCEAUX.

198. L'homme du premier rang de chaque file paire passe son arme devant lui, la saisissant avec la main gauche au-dessous de l'embouchoir et la place le talon de la crosse contre la pointe du pied droit de l'homme qui est à sa gauche, le canon tourné vers la droite.

L'homme du second rang de la file paire passe son arme à son chef de file, celui-ci la saisit avec la main droite au-dessous de l'embouchoir et porte la crosse à 85 centimètres environ en avant de l'alignement, vis-à-vis son épaule droite, le canon face au rang, mais obliquant un peu à droite; il incline vers lui le bout du canon et croise les quillons des deux sabres-baïonnettes, celui de l'homme du second rang en dessous.

L'homme du premier rang de la file impaire, saisissant son arme avec les deux mains entre l'embouchoir et la grenadière, embrasse avec son quillon ceux des armes déjà placées, et laisse reposer la crosse entre ses pieds.

Le faisceau formé, l'homme du second rang de la file impaire passe son arme dans la main gauche, le canon en avant, se fend de la partie gauche et place son arme sur le faisceau en l'inclinant.

199. Lorsque l'instructeur veut faire rompre les faisceaux, il commande :

Rompez — LES FAISCEAUX.

200. L'homme du second rang de chaque file impaire retire son arme du faisceau.

L'homme du premier rang de la file paire saisit son arme de la main gauche et celle de l'homme du second rang de sa file de la main droite, au-dessous de l'embouchoir.

L'homme du premier rang de la file impaire saisit son arme de la main gauche, également au-dessous de l'embouchoir ; ces deux hommes soulèvent le faisceau pour le rompre.

L'homme du second rang de la file paire reprend son arme des mains de son chef de file, et les quatre hommes prennent la position du soldat reposé sur l'arme.

Il est interdit de former les faisceaux avec les baguettes, qui ne sont pas assez résistantes pour supporter l'effort qui en résulte.

ARTICLE III.

CHARGES EN CINQ TEMPS ET A VOLONTÉ.

CHARGE EN CINQ TEMPS.

201. Les soldats étant au port d'arme ,
l'instructeur commande :

Charge en cinq temps.

Chargez — VOS ARMES.

Un temps et deux mouvements.

Premier mouvement.

202. Elever l'arme avec la main droite,
la saisir avec la main gauche à la hauteur
de la hausse, faire un demi à droite sur
le talon gauche, porter en même temps
le pied droit à 30 centimètres en arrière
et à 25 sur la droite , la pointe du pied
un peu rentrée.

Deuxième mouvement.

203. Abattre l'arme avec les deux
mains, le pouce de la main gauche al-

longé le long du bois , l'extrémité des
autres doigts ne dépassant que légèrement les bords de la monture sans toucher le canon ; la crosse sous l'avant-
bras droit, la poignée de l'arme contre le
corps, à environ 10 centimètres au-dessous du téton droit, le bout du canon à
hauteur de l'épaule, placer le pouce de la
main droite sous la crète du chien, les autres doigts en arrière et contre la sous-
garde, le coude légèrement élevé.

ARMEZ.

Un temps et un mouvement.

204. Armer en faisant sonner distinctement la gâchette, saisir le levier avec la
main droite, les ongles en dessus.

Ouvrez — LE TONNERRE.

Un temps et un mouvement.

205. Tourner le levier de droite à gauche, le ramener en arrière sans brusquerie, porter la main à la giberne et saisir
la cartouche par l'étui à poudre.

Cartouche — DANS LE CANON.

Un temps et un mouvement.

206. Porter la cartouche dans l'échancrure, la balle en avant, l'introduire dans la chambre en l'accompagnant avec le pouce; saisir le levier de la main droite, les ongles tournées vers le corps.

Fermez — LE TONNERRE.

Un temps et un mouvement.

207. Pousser fortement la culasse mobile pour achever d'introduire la cartouche dans la chambre, rabattre le levier à droite, saisir l'arme à la poignée avec la main droite, le premier doigt allongé le long du pontet.

208. Les soldats étant reposés sur les armes, si l'instructeur veut faire exécuter la charge en cinq temps, il commande :

1. *Charge en cinq temps.*

2. *Chargez* — VOS ARMES.

Un temps et deux mouvements.

Premier mouvement.

209. Elever l'arme , la main droite à hauteur de l'épaule, la saisir avec la main gauche à hauteur de la hausse, descendre la main droite à la poignée et se fendre à 50 centimètres en arrière et à 25 sur la droite, la pointe du pied un peu rentrée.

Deuxième mouvement.

210. Comme il est prescrit n° 205.

211. Deuxième, troisième, quatrième et cinquième temps , comme il est prescrit n°s 204, 205, 206. 207.

212. Les armes étant chargées, si l'instructeur veut les faire porter , il commande :

Portez — VOS ARMES.

Un temps et un mouvement.

213. Au commandement de *portez* , désarmez ; à cet effet, fixer les yeux sur la boîte , saisir le levier avec la main droite, le tourner pour amener le cran de sûreté au milieu de la fente supérieure de la boîte , placer le pouce en travers sur le chien, le premier doigt en avant de la détente, les autres en arrière et contre la sous-garde ; presser sur la détente pour dégager la noix, conduire le chien au cran de sûreté et saisir l'arme à la poignée avec la main droite; au commandement de *vos armes*, redresser vivement l'arme et prendre la position du port d'arme.

CHARGE A VOLONTÉ.

214. La charge à volonté s'exécute comme la charge en cinq temps , sans s'arrêter sur aucun temps.

215. Les soldats étant au port d'arme ou reposés sur les armes , l'instructeur commande :

1. *Charge à volonté.*

2. *Chargez* — VOS ARMES.

216. Les armes étant chargées, si l'instructeur veut les faire porter , il commande :

Portez — VOS ARMES.

217. Comme il est prescrit n° **213.**

OBSERVATIONS.

218. Lorsque la charge en cinq temps ou à volonté est exécutée sur deux rangs, les soldats du second rang appuient de dix centimètres à droite au commandement de *charge en cinq temps,* ou de *charge à volonté,* qu'ils soient au port d'armes ou reposés sur l'arme. Ils se replacent à leurs chefs de file après l'exécution du mouvement de *portez vos armes.*

219. Autant que possible, les armes ne doivent être chargées qu'au moment où l'on veut faire feu.

220. Il est nécessaire pour la bonne exécution de la charge et des feux que les hommes aient l'aisance des coudes dans le rang.

DÉCHARGEMENT DE L'ARME.

221. Le déchargement de l'arme s'opère au moyen d'un tire-cartouche.

222. Dans le cas où le tire-cartouche est insuffisant, l'arme est déchargée avec la baguette, de la manière suivante :

223. Ouvrir le tonnerre, s'assurer que l'aiguille n'est pas sortie, poser la crosse à terre entre les pieds, l'arme un peu inclinée en avant, tirer la baguette, l'introduire dans le canon, la laisser tomber sur la cartouche en ouvrant la main pour éviter toute chance d'accident, remettre la baguette.

ARTICLE IV.

POSITION DU TIREUR.

POSITION DU TIREUR DEBOUT.

224. Les armes étant chargées et les soldats au port d'arme ou reposés sur les armes, l'instructeur commande :

1. *Position du tireur debout.*

2. *Peloton* — ARMES.

Un temps et trois mouvements.

Premier et deuxième mouvement.

225. Comme les deux mouvements du premier temps de la charge.

Troisième mouvement.

226. Armer, rabattre le levier à droite, saisir l'arme à la poignée avec la main droite, le premier doigt allongé le long du pontet.

Portez — VOS ARMES.

227. Comme il est prescrit n° 213.

POSITION DU TIREUR A GENOU.

228. Les armes étant chargées et les soldats au port d'arme, l'instructeur commande :

1. *Position du tireur à genou.*

2. *Peloton* — ARMES.

Un temps et trois mouvements

Premier mouvement.

229. faire un demi à droite sur le talon gauche, porter le milieu du pied droit à environ 50 centimètres en arrière et 16 centimètres à gauche du talon gauche , suivant la taille de l'homme, saisir en même temps le fourreau du sabre-baïonnette avec la main gauche et le ramener en avant, les épaules effacées et la tête directe.

Deuxième mouvement.

230. Mettre le genou droit à terre, poser la crosse à terre, sans frapper, s'asseoir sur le talon droit, placer le fourreau du sabre, le bout en avant, saisir l'arme avec la main gauche à hauteur de la hausse et avec la main droite à la poignée

Troisième mouvement.

231. Abattre l'arme avec les deux mains, l'avant-bras appuyé sur la cuisse gauche, la crosse touchant la cuisse droite, armer et rabattre le levier à droite, saisir l'arme à la poignée avec la main droite, le premier doigt allongé le long du pontet.

Portez — VOS ARMES.

232. Au commandement de *portez*, désarmer, saisir l'arme à la poignée et redresser vivement l'arme; au commandement de *vos armes*, se relever, et reprendre la position du port d'arme.

233. Si cette position est prise en partant de celle du soldat reposé sur l'arme, la crosse reste appuyée à terre pendant l'exécution des deux premiers mouvements.

POSITION DU TIREUR COUCHÉ.

234. Pour prendre cette position, se coucher sur le ventre, les deux coudes servant d'appui et rapprochés le plus possible; soutenir l'arme de manière que le bout du canon ne soit pas appuyé à terre, tout corps étranger introduit dans l'âme, surtout près de la bouche, pouvant amener la rupture du canon.

OBSERVATIONS.

235. Au troisième mouvement de la position du tireur debout ou à genou, les soldats chargent leurs armes, si elles ne le sont déjà.

236. Lorsque les soldats sont sur deux rangs, ceux du second rang appuient dix centimètres à droite, au commandement de *position du tireur debout*, ou de *position du tireur à genou*, qu'ils soient au port d'arme ou reposés sur l'arme. Ils se replacent à leurs chefs de file après l'exécution du mouvement de *portez vos armes*.

ARTICLE V.

MOUVEMENTS DE JOUE ET DE FEU.

237. Les armes étant chargées et les soldats dans la position du tireur de-

bout, si l'instructeur veut faire exécuter le feu, il commande :

1. *A tant de mètres.*

258. A ce commandement, les hommes disposent la hausse pour la distance indiquée.

2. JOUE.

Un temps et un mouvement.

239. Elever l'arme avec les deux mains, sans brusquer le mouvement, le corps restant d'aplomb, appuyer fortement la crosse contre l'épaule, le coude gauche abattu, le droit à hauteur de l'épaule ; fermer l'œil gauche, prendre la ligne de mire et la diriger sur le but en penchant le moins possible latête à droite et en avant; la deuxième phalange du premier doigt de la main droite en avant et contre la détente.

3. FEU.

Un temps et un mouvement.

240. Faire partir le coup en achevant de fermer le doigt sans effort, la tête et le corps restant immobiles.

241. A l'instruction, pour préparer les

hommes à exécuter les mouvements de *joue* et de *feu* qui sont de la plus grande importance, on les fait passer par des exercices préparatoires. Ils sont placés en demi-cercle, autour du chevalet de pointage pour les deux premiers exercices, et sur un rang, à un pas de distance, pour les deux autres exercices.

PREMIER EXERCICE PRÉPARATOIRE.

242. *Pointage sur chevalet avec la ligne de mire de* 200 *mètres.* L'instructeur place un fusil sur le chevalet de pointage, et montre aux hommes les deux points qui déterminent la ligne de mire, c'est-à-dire le fond du cran de la hausse et le sommet du guidon; il leur explique que pour pointer, il suffit de mettre ces deux points et celui que l'on doit viser sur le *même* alignement, l'arme ne penchant ni à droite ni à gauche; il pointe ensuite l'arme avec la ligne de mire de 200 mètres sur un point marqué d'une manière apparente; puis il prescrit aux hommes d'examiner l'un après l'autre comment l'arme est pointée en leur faisant prendre la position suivante :

Fermer l'œil gauche, la joue touchant à peine la monture, l'œil droit au-dessus de la crosse, prendre la ligne de mire en faisant passer un rayon visuel par le fond du cran de la hausse et le sommet du guidon, prolonger cette ligne jusqu'au point visé.

Quelques hommes parviennent difficilement à fermer l'œil gauche. On doit les y exercer jusqu'à ce qu'ils arrivent à le fermer sans trop d'effort.

243. Dès que les hommes ont bien vu et bien compris ce que c'est qu'une arme régulièrement pointée, l'instructeur dérange le fusil et prescrit successivement à chaque soldat de viser lui-même le point désigné ; il vérifie le pointage pour chacun d'eux, et indique, s'il y a lieu, les erreurs commises en leur faisant voir que la ligne de mire est mal prise ou qu'elle est mal dirigée. Après avoir fait rectifier le pointage par le soldat lui-même, jusqu'à ce qu'il l'ait bien exécuté, l'instructeur a soin de déranger le fusil avant de passer à un autre homme.

244. L'instructeur fait ensuite pointer l'arme par un des hommes, et au lieu de rectifier lui-même le pointage, il le fait vérifier successivement par tous les autres et demande à chacun si l'arme ne penche ni d'un côté ni de l'autre, et si la ligne de mire passe à droite ou à gauche, au-dessous ou au-dessus du point désigné. Lorsque tous les hommes lui ont donné leur opinion à voix basse, il vérifie à son tour le pointage et indique les erreurs commises. Tous les hommes sont appelés à tour de rôle à pointer.

DEUXIÈME EXERCICE PRÉPARATOIRE.

245. L'instructeur fait répéter le premier

exercice avec une ligne de mire quelconque. A cet effet, il commence par apprendre aux hommes le maniement de la hausse et les règles de tir,

246. *Maniement de la hausse.* L'instructeur prescrit successivement à chaque homme de disposer le curseur pour l'emploi de chacune des lignes de mire, en se conformant aux prescriptions suivantes:

247. A l'indication de la distance, coucher la planche en avant ou en arrière, suivant le cas, saisir les rebords du curseur avec le pouce et le premier doigt de la main droite, et le faire jouer pour l'amener à la place qu'il doit occuper, lever la planche si la distance indiquée l'exige.

248. *Règles de tir.* Lorsque les hommes savent disposer la hausse, l'instructeur leur apprend les cinq règles du tir, savoir :

Viser le centre du but ou la ceinture d'un homme ;

1° Jusqu'à 250 mètres , avec la mire 200 mètres ;

2° Entre 250 et 350 mètres, avec la mire de 300 mètres ;

3° Entre 350 et 450 mètres , avec la mire de 400 mètres ;

4° Entre 450 et 550 mètres , avec la mire de 500 mètres.

5° Pour toute distance plus grande que 550 mètres, élever le curseur jusqu'à ce que le bord supérieur gauche, pour les distances variant de 100 en 100 mètres, et le bord supérieur droit, pour les distances intermédiaires, soit arrivé au trait qui marque la distance estimée.

249. *Pointage avec une ligne de mire quelconque.* L'instructeur apprend ensuite aux hommes à pointer aux différentes distances d'après les principes énoncés n°s 240 et suivants, en s'occupant d'abord des distances qui sont indiquées sur le côté gauche de la planche, et en employant ensuite celles intermédiaires marquées sur le côté droit.

250. On donne l'instruction du pointage sur le chevalet en faisant comprendre aux hommes que le but est censé placé aux distances pour lesquelles on leur fait appliquer les règles du tir. Il importe cependant, si le terrain le permet, de les exercer aussi à pointer sur des cibles placées réellement aux distances indiquées. Dans ce cas, le centre du but étant le point noir, on leur fait viser le bas de ce noir, afin d'éviter que, dans les tiers, le bout du canon ne vienne masquer le point visé à l'œil des tireurs par suite des oscillations de l'arme.

TROISIÈME EXERCICE PRÉPARATOIRE.

251. *Placement de l'arme à l'épaule.*

L'homme étant dans la position du cinquième temps de la charge, l'instructeur
se place à sa droite , lui retire son fusil en
le saisissant sous le levier , et lui prescrit
de laisser tomber les bras naturellement;
l'homme élève l'épaule droite et la porte
en vant, l'épaule gauche ne bougeant pas ;
puis l'instructeur applique fortement la
plaque de couche contre l'épaule de l'homme qu'il soutient de la main gauche; le talon de la crosse effleurant à peu près la
partie supérieure de l'épaule , le tranchant
extérieur de la plaque de couche en dedans de la couture de la manche , l'arme
horizontale , ne penchant ni à droite ni à
gauche ; l'instructeur fait alors saisir l'arme
à l'homme , d'abord avee la main droite à
la poignée , ensuite avec la main gauche
sous le pied de la hausse , et il cesse de
soutenir l'arme, et l'homme la maintient
dans cette position , en continuant à l'appuyer fortement contre l'épaule.

252. L'instructeur passe d'un homme à
l'autre pour enseigner cette position ; et
prescrit à celui qui vient de quitter, de
s'exercer à la prendre de lui-même. Il
laisse les hommes pendant un certain temps
à cet exercice et rectifie leur position.

253. Lorsque les hommes sont bien exer-
cés dans le placement de l'arme à l'épaule ,
l'instructeur leur fait d'abord prendre la
ligne de mire de 200 mètres ; et ensuite il
les habitue à la diriger sur un point.

254. Les hommes répètent cet exercice

avec une ligne de mire quelconque; mais l'instructeur leur fait observer que pour l'emploi des hausses supérieures à 500 mètres, la mise en joue doit être modifiée et qu'il faut, en raison des distances, baisser l'épaule, le coude et la crosse, afin de n'être pas obligé de lever la tête pour prendre la ligne de mire.

QUATRIÈME EXERCICE PRÉPARATOIRE.

255. Lorsque les soldats savent mettre en joue et maintenir la ligne de mire sur le point visé, l'instructeur les prépare à l'action du doigt sur la détente pour faire feu. Les soldats sont d'abord placés dans la position du cinquième temps de la charge, et ils s'exercent à agir sur la détente de la manière suivante : la main droite serrant l'arme à la poignée, engager la deuxième phalange du premier doigt sur la détente, fixer les yeux sur le chien, retenir la respiration et faire partir le coup en fermant graduellement le doigt.

256. L'instructeur fait ensuite pointer et tirer les soldats dans la position du tireur debout, en employant d'abord la ligne de mire de 200 mètres, puis successivement toutes les lignes de mire de l'arme. A cet effet, il passe devant chaque soldat, lui indique la ligne de mire à prendre; le soldat met en joue, s'appliquant à maintenir les lacets de la ligne de mire provenant de l'oscillation de l'arme au-dessous du centre

noir, puis il commence à fermer le doigt, saisit l'instant où la ligne de mire est bien dirigée pour faire partir le coup, en achevant de fermer graduellement le doigt ; il reste en joue après que le coup est parti, et s'assure que la ligne de mire passe encore par le point visé.

257. Pendant cet exercice, l'instructeur se fait souvent viser dans l'œil droit pour s'assurer que l'homme sait bien viser un point désigné et maintenir son arme sur le point au moment où il agit sur la détente ; après que le coup est parti, il interroge le soldat sur la direction qu'avait la ligne de mire au moment du départ.

258. Les soldats étant bien préparés par ces exercices à mettre en joue et à faire feu, l'instructeur leur fait exécuter ces mouvements dans la position du tireur debout comme il est prescrit nᵒˢ 239 et 240.

259. Lorsque les soldats ont fait feu, si l'instructeur veut faire charger les armes, il commande :

CHARGEZ.

Un temps et un mouvement.

260. Retirer vivement l'arme, prendre la position du deuxième mouvement du premier temps de la charge et exécuter la charge à volonté.

261. Si l'instructeur veut faire porter

les armes, au lieu de les faire charger, il commande :

Portez — VOS ARMES.

Un temps et un mouvement.

262. Au commandement de *portez*, prendre la position du deuxième mouvement du premier temps de la charge, mettre le chien au cran de sûreté et saisir l'arme à la poignée ; au commandement de *vos armes*, porter les armes en revenant face en avant.

263. Les soldats étant dans la position de *joue*, lorsque l'instructeur ne veut pas faire exécuter le feu, il commande :

Replacez — VOS ARMES.

264. Reprendre la position du cinquième temps de la charge.

265. Les soldats étant dans la position du tireur à genou, si l'instructeur veut faire exécuter le feu, il commande :

1. *A tant de mètres,*

266. A ce commandement, les soldats disposent la hausse.

2. JOUE.

Un temps et un mouvement.

267. Placer le coude gauche sur la cuisse et près du genou , faire glisser en même temps l'arme dans la main gauche qui vient se placer contre le pontet, le poignet légèrement en dedans , l'arme maintenue entre le pouce et les quatre doigts réunis sur la main droite, appuyer la crosse contre l'épaule, prendre la ligne de mire et la diriger sur le but en penchant le moins possible la tête à droite et en avant ; la deuxième phalange du premier doigt de la main droite en avant et contre la détente.

3. FEU.

268. Le feu s'exécute comme il est prescrit n° 240.

OBSERVATIONS.

269. A l'instruction, on fait répéter aux soldats, dans la position du tireur à genou, les exercices préparatoires pour mettre en joue et faire feu comme il est prescrit numéros 251 et suivants. On laisse les soldats placer d'eux-mêmes l'arme à l'épaule en rectifiant, s'il y a lieu, leur position, et en veillant à ce que le corps repose sur la jambe droite, la jambe gauche ne devant soutenir que le poids de l'arme, que la

crosse soit placée à l'épaule comme dans la position debout, et que la tête soit un peu inclinée, surtout en avant.

270. La position à genou offrant de grands avantages pour la régularité du tir et le défilement du tireur, on doit y exercer les soldats afin qu'elle leur devienne commode et familière, et qu'ils arrivent à charger rapidement dans cette position. La conformation de l'homme exige quelquefois que la position soit modifiée.

271. Si l'instructeur veut faire charger les armes, après que les soldats ont fait feu, il commande :

CHARGEZ.

Un temps et un mouvement.

272. Retirer vivement l'arme et charger dans la position prescrite n° 251.

273. Lorsque les soldats ont tiré, si l'instructeur, au lieu de faire charger les armes, veut les faire porter, il commande:

Portez — VOS ARMES.

Un temps et un mouvement.

274. Au commandement de *portez*, prendre la position prescrite n° 251, désarmer, saisir l'arme à la poignée et redresser vivement l'arme ; au commandement de *vos armes*, se relever et reprendre la position du port d'arme.

275. Les soldats étant dans la position
de *joue*, lorsque l'instructeur ne veut
pas faire exécuter le feu, il commande :
Replacez vos armes, et les hommes reprennent la position prescrite n° 251.

276 Les soldats étant dans la position du
tireur couché, l'instructeur leur enseigne
également à mettre en joue, à faire feu et à
charger leur arme dans cette position.
Pour charger, les hommes doivent s'appuyer
sur l'avant-bras gauche.

Inspection — DES ARMES.

Un temps et un mouvement.

277. Prendre la position du deuxième
mouvement du premier temps de la
charge, armer, ouvrir le tonnerre, mettre le chien au cran de départ pour faire
sortir l'aiguille, et saisir l'arme à la poignée.

278. L'instructeur inspecte ensuite successivement l'arme de chaque soldat, en
passant devant le rang. Chaque soldat, à
mesure que l'instructeur passe devant
lui, redresse son arme avec les deux
mains, le tonnerre en avant, et se remet
face en avant. Après l'examen de l'instructeur, il reprend la position du soldat
reposé sur l'arme, après avoir fermé le
tonnerre et désarmé dans la position
prescrite n° 277.

ARTICLE VI.

ESCRIME A LA BAIONNETTE

279. Les soldats sont placés sur un rang, à quatre pas d'intervalle les uns des autres, afin qu'ils ne puissent se rencontrer dans les voltes.

280. Les soldats étant au port d'arme, l'instructeur commande :

1. *En garde.*

2. *Assurez* — GARDE.

Un temps et deux mouvements.

Premier mouvement.

281. Elever l'arme avec la main droite, la saisir avec la main gauche au-dessous de la grenadière, faire un demi à droite sur le talon gauche, placer en même temps le pied droit en équerre, le talon droit contre le talon gauche.

Deuxième mouvement.

282. Abattre l'arme avec les deux mains, le canon en dessus, le coude gauche appuyé au corps, saisir en même temps l'arme à la poignée avec la main droite, qui vient s'appuyer contre la hanche, la pointe de la baïonnette à hauteur

de l'œil ; se fendre en même temps en arrière , de la partie droite, à 50 centimètres , le talon droit sur le prolongement du gauche , les jarrets un peu ployés ; le poids du corps portant également sur les deux jambes.

Portez — VOS ARMES.

283. Reprendre la position du port d'arme , comme il est prescrit nᵒˢ 178 et 179.

284. Les soldats étant placés dans la position de la garde, on leur fait exécuter les mouvements suivants :

1. *Face à droite* (ou *à gauche*).

2. A DROITE (OU A GAUCHE).

285. Tourner sur le talon gauche en élevant un peu la pointe du pied , faire face à droite (ou à gauche); porter en même temps le pied droit en arrière, à cinquante centimètres.

1. *Demi-tour à droite.*

2. A DROITE.

286. Tourner à droite sur le talon gauche, en élevant un peu la pointe du pied, faire face en arrière sans déranger a position de l'arme, et rapporter le pied

droit en arrière, et à cinquante centimètres du gauche.

1. *Demi-tour à gauche.*

2. A GAUCHE.

287. Tourner à gauche sur le talon
gauche, à l'inverse de ce qui est prescrit
ci-dessus.

1. *Un pas en avant.*

2. MARCHE.

288. Placer le pied droit contre le gauche, et porter le pied gauche à cinquante
centimètres en avant du droit.

1. *Un pas en arrière.*

2. MARCHE.

289. Ramener le pied gauche contre
le droit et rompre vivement du pied
droit, à cinquante centimètres en arrière.

1. *Un pas à droite.*

2. MARCHE.

290. Jeter le pied droit à cinquante
centimètres à droite dans la même direction, porter aussitôt le pied gauche devant, à sa distance et à sa position.

1. *Un pas à gauche.*

2. MARCHE.

291. Jeter le pied gauche à cinquante centimètres à gauche, porter aussitôt le pied droit derrière, à sa distance et à sa position.

1. *Double passe en avant.*

2. MARCHE.

292. Jeter le pied droit à cinquante centimètres en avant du pied gauche, porter vivement le pied gauche à cinquante centimètres en avant et conserver la garde.

1. *Double pas en arrière.*

2. MARCHE.

293. Jeter le pied gauche à trente-trois centimètres en arrière du droit, porter vivement le pied droit à cinquante centimètres en arriere du gauche, et conserver la garde.

1. *Volte-face à droite* (ou *à gauche*).

2. MARCHE.

294. Rapprocher l'arme du corps avec la main gauche, le canon vis-à-vis l'épaule gauche, sans déranger la main droite. Tourner ensuite à droite (ou à gauche) sur la pointe du pied droit; jeter

le pied gauche perpendiculairement en arrière, à cinquante centimètres; achever la volte sur la pointe du pied gauche, et rapporter le pied droit en arrière et à sa distance: se remettre en même temps en garde.

295. Quand les soldats, affermis dans les diverses positions, exécutent avec précision et légèreté les divers pas et voltes, on leur apprend à se servir du jeu de leur arme pour l'attaque et la défense.

1. *A gauche parez.*

2. ARME.

296. Au second commandement, élever le bout du canon de trente trois centimètres avec la main gauche sans déranger la droite ; faire en même temps une opposition à gauche, d'environ seize centimètres, et rester dans cette position,

Reprenez — GARDE.

297. Ramener l'arme à la position de garde.

298. Chaque fois que l'instructeur fait exécuter les parades et les pointés, il fait toujours reprendre la garde, à la fin de chaque mouvement, par le commandement de *reprenez garde.*

1. *A droite parez.*

2. **ARME.**

299. Au second commandement, comme il est prescrit n° 296 , excepté qu'on fait l'opposition à droite.

1. *En tête parez.*

2. **ARME.**

300. Au second cammandement, élever l'arme des deux mains, les bras allongés, l'arme couvrant la tête, le levier tourné vers le corps et au-dessus de la tête, la baïonnette menaçante , quoique légèrement inclinée à gauche.

1. *En tête à droite (ou à gauche) parez.*

2. **ARME,**

501. Au second commandement, avancer l'épaule gauche (ou l'épaule droite), élever l'arme comme il est prescrit n° 300 et parer à droite (ou à gauche).

1. *En avant pointez.*

2. **ARME.**

502. Au second commandement, porter le haut du corps en avant, ployer le jarret gauche et tendre le droit. Lancer

vivement l'arme des deux mains, le canon en dessus.

> 1. *En tête parez et pointez.*

> 2. ARME.

303. Au second commandement, exécuter ce qui est prescrit n° 300 , ployer le jarret gauche et tendre le droit, lancer vivement l'arme des deux mains.

> 1. *Coup lancé.*

> 2. *Lancez* — ARME.

304. Porter le haut du corps en avant, ployer le jarret gauche et tendre le droit, lancer rapidement l'arme à son adversaire de toute la longeur du bras droit, l'abandonner de la main gauche en pointant. et reprendre la garde.

305. Chaque fois que les soldats sont en face de l'infanterie, ils pointent à hauteur de la poitrine ; en face de la tête du cheval ou vers les flancs du cavalier.

306. Quand les soldats connaissent parfaitement les divers pas, les parades et les pointés , on les leur fait réunir au commandement de *marche*, exemple :

> 1. *Double passe en avant, en tête parez et pointez.*

> 2. MARCHE.

507. Au second commandement, exé-cuter la double passe, parer et pointer comme il est prescrit n° 505, et reprendre la garde.

508. Comme on doit supposer le cas où un soldat est forcé de se défendre à la fois contre deux ou trois hommes, on fait exécuter les doubles mouvements et les doubles pointes ,ce qui ajoute consi-dérablement à l'adresse et à l'agilité du so dat, exemple:

1. *Un pas en avant, coup lancé, volte-face à gauche, à gauche pa-rez et pointez.*

2. MARCHE.

509. Au second commandement, mar-cher en avant, lancer le coup, exécuter la volte-face, parer à gauche, pointer et reprendre la garde.

MANŒUVRE

DU

FUSIL A TABATIÈRE

CHARGEMENT DE L'ARME

CHARGE EN CINQ TEMPS.

1. Le peloton étant au port d'arme, l'instructeur commandera :

1. Charge en cinq temps.

2. *Chargez* — VOS ARMES.

Un temps et deux mouvements.

Premier mouvement.

2. Élever l'arme avec la main droite, la saisir avec la main gauche à hauteur de la hausse (*pour la carabine* : un peu en avant de la hausse), faire un demi-à-droite sur le talon gauche en portant le pied droit à 30 centimètres en arrière et à 25 sur la droite.

Deuxième mouvement.

3. Abattre l'arme avec les deux mains,

le pouce de la main gauche allongé le long
du bois, l'extrémité des autres doigts ne
dépassant que légèrement les bords de la
monture, sans toucher le canon, la crosse
sous l'avant-bras droit, la poignée de l'arme contre le corps, à environ 10 centimètres au-dessus du téton droit, le bout du
canon à la hauteur de l'épaule ; placer le
pouce de la main droite sur la crête du
chien, les autres doigts en arrière et contre la sous-garde, le coude légèrement
levé.

ARMEZ.

Un temps et un mouvement.

4. Armer en faisant sonner distinctement
la gâchette, porter la main droite à la culasse
mobile, le pouce sous la crête, les autres
doigts réunis sur la culasse.

Ouvrez — LE TONNERRE.

Un temps et deux mouvements.

Premier mouvement.

5. Faire effort avec le pouce de la main
droite et soulever la culasse mobile.

Deuxième mouvement.

6. Ramener avec la main droite la culasse

mobile en arrière pour retirer l'étui de la cartouche tirée, faire tomber cet étui à l'aide du premier doigt ; porter la main droite à la giberne et saisir la cartouche par l'étui.

7. La première partie de ce mouvement ne sera exécutée que lorsqu'il y aura un étui de cartouche à retirer.

Cartouche — DANS LE CANON.

Un temps et un mouvement.

8. Rabattre la culasse mobile à gauche pour fermer le tonnerre et saisir l'arme à la poignée avec la main droite.

CHARGE A VOLONTÉ.

La charge à volonté s'exécute comme la charge en cinq temps, sans s'arrêter sur aucun temps.

OBSERVATIONS.

Autant que possible, les armes ne devront être chargées qu'au moment où l'on voudra faire feu.

Si, après un coup tiré, il est difficile d'ouvrir le tonnerre, faire jouer le percuteur avec les doigts, et laisser, au besoin, retomber le chien sur la tête du percuteur. Dans le cas très rare où le tonnerre étant ouvert, l'extraction de l'étui ne pourrait être effectuée par le tire-cartouche , on emploierait la baguette.

Le déchargement de l'arme s'opère comme il est prescrit pour retirer l'étui d'une cartouche tirée.

POSITION DU TIREUR DEBOUT.

Les hommes étant dans la position du 5e temps de la charge, l'instructeur commandera :

1. A tant de mètres.

A ce commandement , disposer la hausse pour la distance indiquée , reprendre la position et placer le premier doigt de la main droite en avant de la détente, sans la toucher.

2. Joue.

Un temps et un mouvement.

Elever l'arme avec les deux mains sans brusquer le mouvement, le corps restant d'aplomb, la tête droite ; appuyer la crosse contre l'épaule , le coude gauche abattu, le droit à hauteur de l'épaule ; fermer l'œil gauche, et diriger la ligne de mire sur le but, en penchant le moins possible la tête à droite.

OBSERVATIONS.

En appuyant la crosse contre l'épaule, on diminue le recul et on obtient une plus grande stabilité qu'en cherchant uniquement à soutenir l'arme. — Dans ce mouvement, la main droite doit maintenir solidement l'arme à la poignée, le premier doigt de cette main conservant toute son indépendance. Le coude gauche doit être abattu pour soutenir l'arme avec moins de fatigue ; le coude droit doit être à hauteur de l'épaule, afin d'amener la ligne de mire à hauteur de l'œil sans trop baisser la tête pour aller la chercher.

Pendant tout le temps que l'homme est en joue, il doit s'efforcer de maintenir la ligne de mire sur le point visé en retenant sa respiration et commencer à fermer le doigt pour le mettre en contact avec la dé-tente.

3. Feu.

Un temps et un mouvement.

Faire partir le coup en achevant de fer-mer le doigt sans effort, la tête restant droite et le corps immobile.

ÉCOLE DE PELOTON.

RÈGLES GÉNÉRALES ET DIVISION DE L'ÉCOLE DE PELOTON.

1. L'école de peloton est une préparation à l'école de bataillon. Elle a en même temps pour objet de donner à un peloton les moyens de mouvoir isolément.

2. Le peloton est supposé faire partie d'un bataillon formé dans l'ordre constitutif en bataille ou en colonne. Il est exercé par un officier désigné sous le nom d'*instructeur*, et reste constitué avec un chef de peloton, des chefs de section, de demi-section et d'escouade.

3. L'instructeur fait numéroter les files de la droite à la gauche, de manière que chaque homme connaisse son numéro dans son rang.

4. Le peloton manœuvre habituellement par le premier rang ; quand il manœuvre par le second rang, les mouvements s'exécutent par les mêmes commandements et d'après les mêmes principes.

5. Les sections, les demi-sections, les

escouades et les files du peloton conservent leurs désignations numériques, que le peloton soit par le premier ou par le second rang. En outre, les sections sont désignées dans les manœuvres, par la dénomination de *section de droite* ou de *section de gauche*, suivant qu'elles se trouvent à la droite ou à la gauche du peloton, et par celle de *section de tête* ou de *section de queue*, suivant qu'elles occupent la tête ou la queue du peloton en colonne par section.

6. L'école de peloton est divisée en cinq parties, et chaque partie en articles, ainsi qu'il suit :

PREMIÈRE PARTIE.

Article I. — Le peloton étant en face par le premier rang, le mettre face par le second rang, et réciproquement.

— II. — Ouvrir les rangs. Alignements et maniements des armes à rangs ouverts.

— III. — Serrer les rangs Alignements et maniements des armes à rangs serrés.

— IV. — Charge à volonté.

— V. — Feu de peloton. Feu à volonté.

DEUXIÈME PARTIE.

TROISIÈME PARTIE.

QUATRIÈME PARTIE.

— III. — Le peloton étant en colonne
par section, le former à gauche (ou à droite) en bataille,
de pied ferme ou en mar-
chant.

— IV. — Le peloton marchant en colonne par section, le former
sur la droite (ou sur la gauche) en bataille.

CINQUIÈME PARTIE.

Article I. — Rompre et former le peloton.
Mettre des files en arrière et
les faire rentrer en ligne.

— II. — Le peloton marchant en colonne par section, le former
par le flanc pour marcher dans
la même direction.

— III. — Le peloton marchant par le
flanc, le former par peloton
ou par section en ligne.

— IV. — Le peloton marchant en colonne par section, lui faire
exécuter les à droite et les à
gauche.

— V — Marcher en colonne de route.

7. Les articles I, II et III de la première
partie s'exécutent habituellement au port
d'arme, mais on peut aussi les faire exécuter l'arme au pied.

Les deuxième, troisième, quatrième et
cinquième parties s'exécutent au port d'arme

ou l'arme sur l'épaule droite. Dans la marche par le flanc, on peut faire mettre l'arme au bras. Dans ce cas, au commandement de *halte*, les soldats portent d'eux-mêmes les armes.

8. L'instructeur est le plus clair et le plus concis qu'il lui est possible dans ses explications. Le calme et le sang-froid de celui qui commande et de ceux qui exécutent étant le premier moyen d'ordre dans une troupe, l'instructeur s'attache à y habituer celle qu'il exerce et à en donner lui-même l'exemple.

PREMIÈRE PARTIE.

—

ARTICLE Ier

LE PELOTON ÉTANT FACE PAR LE PREMIER RANG, LE METTRE FACE PAR LE SECOND RANG, ET RÉCIPROQUEMENT.

9. Le peloton étant en bataille face par le premier rang, lorsque l'instructeur veut le mettre face par le second rang, il commande :

1. *Face par le second rang.*
2. *Peloton.*
3. DEMI-TOUR — A DROITE.

10. Au premier commandement, le chef de peloton, sortant de son créneau, se place face et contre la file de droite de son pe-

loton ; le sous-officier de remplacement et
les serre-files traversent vivement par le
créneau du chef de peloton, et se placent
face au peloton, le sous-officier du remplacement à un pas derrière le chef de peloton, les serre-files à deux pas du premier
rang, vis-à-vis leurs places de bataille, en
passant par derrière le sous-officier de remplacement.

11. Au troisième commandement qui est
fait de manière que le peloton se trouve
face par le second rang au moment où le
dernier serre-file a traversé le créneau, le
peloton fait demi-tour à droite ; le chef de
peloton se porte dans son créneau au second
rang, et le sous-officier de remplacement se
place derrière le chef de peloton au premier rang.

12. Le peloton étant face par le second
rang, l'instructeur le remet face par le premier rang par les mêmes commandements,
en substituant l'indication de *premier rang*
à celle de *second rang* ; le mouvement
s'exécute d'après les mêmes principes.

13. Si le peloton, au lieu d'être en bataille, est supposé faire partie d'une colonne, le mouvement s'exécute par les mêmes commandements ; le chef de peloton
se porte à deux pas en avant du second
rang, en passant par le flanc gauche du
peloton, et les serre-files se portent derrière le premier rang, en passant par le
flanc gauche du peloton, et les serre-files
se portent derrière le premier rang, en

passant par le flanc droit Les guides, après
avoir fait demi tour, se placent au second
rang.

ARTILCE II.

OUVRIR LES RANGS.

14. Le peloton érant reposé sur les armes
et aligné ainsi que les serre-files, lorsque
l'instructeur veut faire ouvrir les rangs, il
fait placer le sergent de la 4e demi-section
a la gauche du premier rang, et commande :

  1. *Garde à vous.*
  2. PELOTON.
  3. *Portez* — VOS ARMES.
  4. *En arrière, ouvrez vos rangs.*

15. Au quatrième commandement, le
sous-officier de remplacement et le sergent
de la 4e demi-section se portent en arrière,
a quatre pas du premier rang, pour tracer
l'alignement du second rang. Ils jugent
cette distance à l'œil sans compter les
pas.

16. L'instructeur se portant en même
temps sur le flanc droit, vérifie si ces deux
sous-officiers sont placés parallèlement au
premier rang. Il rectifie promptement, s'il
est nécessaire, leur position et commande
ensuite :

  5. MARCHE.

17. A ce commandement, le second rang

marche en arrière, sans compter les pas ; les soldats dépassent un peu la ligne tracée pour le rang, s'arrêtent et se placent d'eux-mêmes sur l'alignement déterminé par les deux sous-officiers qui servent de base ; ils se conforment à ce qui est prescrit à l'École du soldat, n° 66.

18. Le sous-officier de remplacement aligne le second rang sur le sergent de la 4e demi-section.

19. Le sous-officier de remplacement voyant le second rang aligné, commande : FIXE.

20. A ce commandement, le sergent de la 4e demi-section reprend sa place de bataille en serre-file.

21. Les serre-files marchent en arrière en même temps que le second rang, et lorsqu'il est aligné, ils se placent à deux pas de ce rang.

ALIGNEMENT ET MANIEMENT DES ARMES A A RANGS OUVERTS.

22. Les rangs étant ouverts, l'instructeur fait marcher les quatre hommes de la droite (ou de la gauche) de chaque rang, trois pas en avant, par le commandement de *quatre files de droite* (ou de gauche), *trois pas en avant* — MARCHE, et après les avoir alignés, il commande :

A droite (ou *à gauche*) — ALIGNEMENT.

23. A ce commandement, chaque rang se porte sur la nouvelle ligne, et les hommes

s'y placent comme il est prescrit à l'Ecole
du soldat, n° 62.

24. Le chef de peloton aligne le premier
rang, le sous-officier de remplacement le
second ; ils se placent, à cet effet, du côté
de l'alignement, et chacun d'eux commande : Fixe, lorsqu'il voit le plus grand nombre des hommes de son rang alignés.

25. Après chaque alignement, le chef de
peloton et le sous-officier de remplacement s'assurent, en passant devant le rang,
que les hommes ont une grande aisance des
coudes, et que leur position est correcte.

26. l'instructeur fait prendre des alignements en arrière d'après les mêmes principes ; à cet effet, il commande:

En arrière à droite (ou à gauche) — ALI-
NGEMENT.

27. Les rangs étant ouverts, l'instructeur
se place de manière à voir les deux rangs,
et commande le maniement des armes dans
l'ordre qui suit

Présenter les armes. *Porte les arm s.*
Reposer sur les armes. *Porter les armes.*
L'arme au bras. *Porter les armes.*
Baïonnette au canon. *Porter les armes.*
Croiser la baïonnette. *Porter les armes.*
Remettre la baïonnette. *Porter les armes.*

28. L'instructeur veille à ce que la position des pieds, du corps et de l'arme soit
toujours régulière, et que les mouvements
s'exécutent vivement et près du corps.

ARTICLE III.

SERRER LES RANGS.

29. Les rangs étant ouverts, lorsque l'instructeur veut les faire serrer, il commande :

1. *Serrez vos rangs.*

2. MARCHE.

50. Au commandement de *marche*, le second rang serre à sa distance, chaque homme se dirigeant sur son chef de file. Les serre-files serrent à leur distance, en même temps que le second rang.

ALIGNEMENTS ET MANIEMENT DES ARMES A RANGS SERRÉS.

31. Les rangs étant serrés, l'instructeur fait prendre des alignements parallèles et obliques à droite et à gauche, en avant et en arrière, en observant de placer toujours d'avance quatre files pour servir de base d'alignement. L'instructeur fait les commandements prescrits nos 22 et 26.

52. Le chef de peloton aligne le premier rang, et dès qu'il voit le plus grand nombre des hommes de ce rang alignés, il commande : FIXE ; il rectifie ensuite, s'il y a lieu, l'alignement des autres hommes par les moyens prescrits à l'Ecole du soldat, n° 65. Le second rang se conforme à l'alignement du premier, et le sous-officier de remplacement y veille.

33. L'instructeur se porte sur le flanc pour vérifier l'alignement des deux rangs ; il observe ensuite si les hommes du premier rang ont l'aisance des coudes, et si ceux du second se sont placés correctement à leurs chefs de file.

3J. Dans tous les alignements, les serre-files se placent à deux pas en arrière du second rang.

35. Les alignements étant terminés, l'instructeur fait exécuter le maniement des armes, comme il est prescrit n° 27.

56. L'instructeur, voulant faire reposer les soldats sans déranger l'alignement, fa t deposer sur les armes, et commande :

En place. — REPOS.

37. A ce commandement, les soldats ne sont plus astreints à garder l'immobilité, mais ils conservent toujours l'un ou l'autre talon en place.

38. Si, au contraire, l'instructeur veut faire reposer les soldats sans les astreindre à conserver l'alignement, il commande :

REPOS.

59. A ce commandement, les soldats ne sont plus tenus à garder l'immobilité ni la position.

40. L'instructeur peut aussi, quand il le juge convenable, faire former les faisceaux ; ce qui s'exécute par les commandements et les moyens prescrits à l'École du soldat, n°ˢ 107 et 108.

ARTICLE IV.

CHARGE A VOLONTÉ.

41. La charge à volonté est commandée et exécutée comme il est prescrit à l'Ecole du soldat, nᵒˢ 214 et suivants.

42. Au commandement de *charge à volonté*, le sous-officier de remplacement et les hommes du second rang appuient de dix centimètres à droite.

Au premier temps de la charge, le chef de peloton et le sous-officier de remplacement font un demi à droite comme les soldats.

Après que les soldats ont porté les armes, le chef de peloton, le sous-officier de remplacement et les hommes du second rang reprennent leur position primitive dans le rang.

ARTICLE V.

FEU DE PELOTON. — FEU A VOLONTÉ

43. Le feu de peloton et le feu à volonté s'exécutent debout et à genou.

FEU DE PELOTON DEBOUT.

44. Les soldats étant au port d'arme ou reposés sur les armes, lorsque l'instructeur veut faire exécuter le feu de peloton debout, il commande :

1. *Feu de peloton,*
2. *Commencez le feu.*

45. Au premier commandement, le chef de peloton, sortant de son créneau par le pas en arrière, se porte vivement derrière le centre de son peloton, à quatre pas des serre-files ; le sous-officier de remplacement recule sur l'alignement des serre-files, vis-à-vis son créneau, et les hommes du second rang appuient de dix centimètres à droite.

46. Au second commandement, le chef de peloton commande :

1. *Peloton.* — ARMES.

2. A TANT DE MÈTRES.

3. JOUE.

4. FEU.

5. CHARGEZ.

47. Ces divers commandements s'exécutent comme il est prescrit à l'École du soldat, nᵒˢ 225, 226, 235, 234, 259, 240 et 260.

48. Le chef de peloton fait continuer le feu jusqu'au signal de l'instructeur, par les commandements suivants :

1. *Peloton.*

2. JOUE.

3. FEU.

4. CHARGEZ.

49. L'instructeur fait cesser le feu par un roulement ou la sonnerie de *cessez le feu.* A ce signal, les soldats cessent de tirer, chargent leurs armes, les désarment et les portent.

50. L'instructeur fait suivre le roulement d'un coup de baguette ou d'un coup de langue, lorsque tous les soldats ont porté les armes. A ce signal, le chef de peloton, le sous-officier de remplacement et les hommes du second rang reprennent leur position primitive dans le rang.

FEU A VOLONTÉ DEBOUT.

51. L'instructeur commande :

1. *Feu à volonté.*

2. *Peloton* — ARMES.

3. A TANT DE MÈTRES.

4. COMMENCEZ LE FEU.

52. Le premier commandement s'exécute comme il est prescrit n° 45.

53. Les deuxième et troisième commandements s'exécutent comme il est prescrit à l'École du soldat, nos 225, 226, 235 et 238.

54. Au quatrième commandement, les soldats mettent en joue, visent attentivement, font feu, retirent leurs armes, les chargent et continuent à tirer sans se régler sur leurs voisins, jusqu'au roulement. Au coup de baguette, le chef de peloton, le sous-officier de remplacement et les hommes du second rang reprennent leur position primitive dans le rang.

FEU DE PELOTON A GENOU.

55. L'instructeur commande :

1. *Feu de peloton à genou.*

2 *Commencez le feu.*

56. Au premier commandement, le chef de peloton, le sous-officier de remplacement et les hommes du second rang se conforment à ce qui est prescrit n° 45.

57. Au second commandement, le chef de peloton commande :

1. *Peloton* — ARMES.
2. A TANT DE MÈTRES.
3. JOUE.
4. FEU.
5. CHARGEZ.

58. Ces divers commandements s'exécutent comme il est prescrit à l'École du soldat, n°s 229, 230, 231, 235, 266, 267, 268 et 272.

Le chef de peloton fait continuer le feu jusqu'au roulement par les commandements prescrits n° 48.

59. Au roulement ou à la sonnerie de *cessez le feu*, les soldats cessent de tirer, chargent leurs armes, les désarment, les redressent et restent dans la position prescrite à l'École du soldat, n° 230.

60. Au coup de baguette, que l'instructeur fait donner lorsqu'il voit toutes les armes redressées, le chef de peloton et le sous-officier de remplacement reprennent leur position primitive dans le rang; les soldats se relèvent, portent les armes, et ceux du second rang se placent à leurs chefs de file.

FEU A VOLONTÉ A GENOU.

61. L'instructeur commande :

1. *Feu à volonté à genou.*
2. *Peloton.* — ARMES.
3. A TANT DE MÈTRES.
4. COMMENCEZ LE FEU.

62. Le premier commandement s'exécute comme il est prescrit n° 45.

63. Les deuxième et troisième commandemens s'exécutent comme il est prescrit à l'École du soldat, n°s 229, 230, 231, 235 et 266.

64. Au quatrième commandement, les soldats mettent en joue, visent attentivement, font feu, retirent leurs armes, les chargent et continuent à tirer sans se régler sur leurs voisins, jusqu'au roulement.

65. Au roulement et au coup de baguette, le chef de peloton, le sous-officier de remplacement et les soldats exécutent ce qui est prescrit n°s 59 et 60.

66. On exerce le peloton à exécuter les feux, dans l'une et l'autre position, par le second rang comme par le premier rang.

OBSERVATIONS.

67. L'instructeur veille à ce que les soldats conservent le plus grand calme et le plus grand sang-froid dans les feux

68. Les feux, comme les tirs individuels, s'exécutent toujours sans que le sabre-baïonnette soit au bout du canon.

69. Le commandement de *joue* dans les feux de peloton, et celui de *commencez le*

feu dans les feux à volonté, doivent être séparés du commandement *à tant de mètres*, par un intervalle suffisant pour que les soldats aient le temps de disposer la hausse.

70. Dans les feux de peloton, le commandement *à tant de mètres*, n'est répété que lorsqu'il est nécessaire de changer la hausse; dans les feux à volonté, les soldats changent d'eux-mêmes la hausse primitive lorsqu'ils le jugent utile, et ils sont dirigés dans ce soin par les officiers, ainsi que par les sous-officiers.

71. Dans les feux de peloton, le commandement de *feu* est fait trois secondes environ après celui de *joue*, pour empêcher une trop grande précipitation, toujours nuisible à la justesse du tir.

72. L'instructeur se place de manière à voir les deux rangs, afin de pouvoir remarquer les fautes; il charge le chef de peloton et les serre-files d'y veiller également et de lui en rendre compte dans les repos; il renvoie à l'instruction individuelle les hommes dont la position est défectueuse.

73. Dans les feux à genou, les serre-files prennent la même position que les soldats. Les officiers qui commandent le feu doivent généralement rester debout.

74. Il peut être utile de faire des feux sur quatre rangs. On place alors deux subdivisions l'une derrière l'autre, la première à genou, la seconde debout, les

serre-files des deux subdivisions se placent derrière le quatrième rang.

75. Dans les exercices, lorsqu'on ne tire pas à poudre, le roulement ou la sonnerie de cessez le feu, est indiqué par le commandement de *roulement*, et le coup de baguette, par celui de *coup de baguette*.

DEUXIÈME PARTIE.

ARTICLE 1er.

MARCHER PAR LE FLANC.

76. Le peloton étant en bataille de pied ferme, lorsque l'instructeur veut le faire marcher par le *flanc droit*, il commande :

1. *Peloton par le flanc droit.*
2. A DROITE.
3. *Peloton en avant.*
4. MARCHE.

77. Au deuxième commandement, le peloton fait à droite; le sous-officier de remplacement se porte devant l'homme de droite du premier rang; le chef de peloton se place à côté de ce sous-officier et à sa gauche. Le premier rang double comme il est prescrit à l'école du soldat, n° 111; le second rang déboîte d'un pas à droite et double de la même manière, de sorte que, le mouvement exécuté, les files se trouvent formées de quatre hommes alignés coude à coude.

78 . Les serre-files appuient de manière à se trouver à deux pas des files doublées.

79. Au commandement de *marche,* le peloton part vivement ; le sous-officier de remplacement et le chef de peloton se dirigent droit en avant ; les hommes, dans chaque file doublée, marchent à hauteur de leurs chefs de file, en conservant la tête directe. Les serre-files marchent à hauteur de leurs places de bataille.

80. L'instructeur veille à l'exécution des principes de la marche par le flanc, en se plaçant pendant la marche comme il est prescrit à l'École du soldat, no 115.

81. L'instructeur fait marcher par le *flanc gauche* d'après les mêmes principes et par les mêmes commandements, en substituant l'indication de *gauche* à celle de *droite.* Lorsque le peloton fait à gauche, le second rang déboîte d'un pas à gauche, les rangs doublent comme il est prescrit à l'École du soldat, no 113, le sergent de la 4e demi-section se place devant l'homme de gauche du premier rang, le chef de peloton se porte vivement à côté de ce sous-officier et à sa droite ; le sous-officier de remplacement se place au premier rang, à l'instant où le chef de peloton se porte à la tête du peloton.

82. En règle générale, lorsque le peloton fait à droite (ou à gauche) pour se met tre par le flanc, le rang qui est en arrière déboîte pour doubler, et les soldats se con-

forment aux prescriptions générales de
l'École du soldat, n° 125. Le sergent de la
demi-section de tête se porte en tête du
rang opposé aux serre-files et le chef de
peloton se place en dehors de ce rang, à
côté de ce sous-officier.

83. Lorsque le peloton fait à droite (ou à
gauche), s'il a un nombre impair de files,
celle dont le numéro est le plus élevé ne
double pas.

CHANGER DE DIRECTION PAR FILE.

84. Le peloton étant par le flanc, de pied
ferme ou en marche, lorsque l'instructeur
veut faire converser par file, il commande :

1. *Par file à gauche (ou à droite).*

2. MARCHE.

85. Au commandement de *marche*, la
file de tête converse d'après les principes
prescrits à l'École du soldat, n° 120, mais
l'homme qui est au pivot raccourcit les
cinq ou six premiers pas. Chaque file vient
successivement converser à la même place
que celle qui précède.

86. L'instructeur veille à ce que la conversion s'exécute d'après ces principes,
afin que la distance entre les files soit toujours conservée, et qu'il n'y ait ni temps
d'arrêt, ni à coup dans la marche.

DÉDOUBLER ET DOUBLER LES FILES EN MARCHANT

87. Le peloton étant en marche par le

flanc, l'instructeur voulant faire dédoubler les files, commande :

1. *Dédoublez les files.*

2. MARCHE.

88. Au commandement de *marche*, les files qui ont doublé racourcissent le pas et reprennent leurs places dans le rang entre leurs voisins habituels ; les hommes du rang qui a déboîté appuient pour se mettre coude à coude avec leurs chefs de file, et les serre-files se placent à deux pas de ce rang.

89. Lorsque l'instructeur veut faire doubler les files, il commande :

1. *Doublez les files.*

2. MARCHE.

90. Au commandement de *marche*, les files doublent comme il est prescrit, n° 82, et les serre-files se conforment aux prescriptions du n° 78.

ARTICLE II.

ARRÊTER LE PELOTON MARCHANT PAR LE FLANC ET LUI FAIRE FAIRE FRONT.

91. Lorsque l'instructeur veut arrêter le peloton marchant par le flanc et lui faire faire front, il commande :

1. *Peloton.*

2. HALTE.

3. FRONT.

92. Les deuxième et troisième commandements s'exécutent comme il est prescrit à l'École du soldat, nos 117 et 118. Le rang qui a déboîté serre à sa distance ; le chef de peloton et le sous-officier de remplacement, ainsi que le sergent de la 4e demi-section, s'il est en tête, reprennent leurs places de bataille, à l'instant où le peloton fait front.

ARTICLE III.

FORMER UN PELOTON DE DEUX RANGS SUR UN, ET RÉCIPROQUEMENT.

93. Le peloton étant formé sur deux rangs et supposé faire partie d'un bataillon en colonne, lorsque l'instructeur veut le former sur un rang, il commande :

1. *Sur un rang, formez le peloton.*

2. MARCHE.

94. Au premier commandement, le guide de droite fait à droite.

95. Au commandement de *marche*, ce guide se met en marche, et se dirige sur le prolongement du premier rang.

96 La première file se met en marche en même temps que le guide ; l'homme du premier rang tourne à droite dès le premier pas, suit le guide et est suivi lui-même par l'homme du second rang de sa file, qui vient tourner à la même place que lui. La deuxième file, et successivement toutes les

autres se mettent en marche comme il est prescrit pour la première, de manière que l'homme du premier rang suive immédiatement l'homme du second rang de la file qui se trouve à sa droite. Le chef de peloton voit filer son peloton, et lorsque le dernier homme se met en marche, il arrête son peloton et lui fait faire front.

97. Les serre-files prennent leurs nouvelles places de bataille à deux pas derrière le rang.

98. Le peloton étant sur un rang, lorsque l'instructeur veut le former sur deux, il commande :

1. *Sur deux rangs, formez le peloton.*

2. *Peloton par le flanc droit.*

3. A DROITE.

4. MARCHE.

99. Au troisième commandement, le peloton fait à droite; le guide et l'homme de droite ne bougent pas.

100. Au commandement de *marche*, les hommes qui ont fait à droite se mettent en marche et forment les files de la manière suivante : le deuxième homme du rang se place derrière le premier pour former la première file; le troisième se place à côté du premier, au premier rang; le quatrième, derrière le troisième, au second rang. Tous les autres viennent se placer de la même manière, alternativement au premier et au second rang, et forment ainsi des files de

deux hommes à la gauche de celles déjà établies.

OBSERVATIONS.

101. Les formations ci-dessus décrites s'exécutent habituellement par la droite du peloton : mais lorsque l'instructeur veut les faire exécuter par la gauche, il fait faire demi-tour au peloton et fait porter les guides au second rang.

102. La formation s'exécute ensuite par les mêmes commandements et d'après les mêmes principes que par le premier rang ; le mouvement commence par la file de gauche, devenue file de droite, et dans chaque file, par l'homme du second rang qui est en avant. Le sergent de la 4ᵉ demi-section se conforme à ce qui est prescrit pour le sous-officier de remplacement.

103. La formation étant achevée, l'instructeur fait faire demi-tour au peloton.

TROISIÈME PARTIE.

ARTICLE Iᵉʳ

MARCHER EN BATAILLE EN AVANT.

104. Le peloton étant en bataille et cor-

rectement aligné, lorsque l'instructeur veut l'exercer à la marche en bataille, il s'assure que le chef de peloton et le sous-officier de remplacement ont leurs épaules parfaitement dans la direction de leurs rangs respectifs, et qu'ils sont correctement placés l'un derrière l'autre ; il se porte ensuite à environ trente pas en avant d'eux, leur fait face, et se place exactement sur leur prolongement.

105. L'instructeur, étant aligné sur la file de direction, commande :

1. *Peloton en avant.*

106. A ce commandement, un sous-officier des serre-files, désigné d'avance, se porte à six pas en avant du chef de peloton, en partant de sa droite. L'instructeur, placé comme il vient d'être prescrit, aligne correctement ce sous-officier sur le prolongement de la file de direction

107. Le serre-file placé à six pas devant le chef de peloton, étant chargé de la direction, prend, dès que sa position est assurée, deux points à terre dans la ligne droite qui, partant de lui, irait passer entre les talons de l'instructeur.

108. Ces dispositions étant faites, l'instructeur se retire et commande :

2. MARCHE.

109. A ce commandement, le peloton part vivement. Le sous-officier chargé de la direction observe avec la plus grande précision la longueur et la cadence du pas, marche dans la direction des deux points qu'il a choisis entre lui et l'instructeur, prend à mesure qu'il avance, et toujours avant d'arriver au point le plus près de lui, de nouveaux poin s en avant qui soient exactement dans le prolongement des deux premiers. Le chef de peloton marche constamment dans les traces du sous-officier chargé de la direction et se maintient toujours à six pas de lui; les soldats ont la tête directe, sentent très-légèrement le coude de leurs voisins du côte de la file de direction, et se conforment aux principes prescrits à l'École du soldat pour la marche de front. L'homme placé à côté du chef de peloton a une attention particulière à ne jamais le dépasser.

110. Les serre-files marchent à deux pas en arrière du second rang.

111. Si les soldats perdent le pas, l'instructeur commande :

AU PAS.

112. A ce commandement, les soldats jettent un coup d'œil sur le sous-officier chargé de la direction, reprennent le pas de ce sous-officier et replacent la tête directe.

113. Le peloton étant en marche directe, lorsque l'instructeur veut le faire marcher obliquement, il commande :

1. *Oblique à droite (ou à gauche).*

2. MARCHE.

114. Au commandement de *marche*, le peloton prend la marche oblique en faisant un demi à droite (ou un demi à gauche). Les hommes observent exactement les principes prescrits à l'Ecole du soldat, n°s 73 et 76. Ceux du second rang se maintiennent à leurs distances et dans la direction de l'homme placé à côté de leur chef de file habituel, du côté où l'on oblique.

115. Dans la marche oblique, la direction est toujours du côté vers lequel on oblique, sans que l'indication en soit faite, et lorsqu'on reprend la marche directe, elle revient également, sans indication, du côté où elle était précédemment.

116. Lorsque l'instructeur veut faire reprendre la marche directe, il commande :

1. *En avant.*

2. MARCHE.

117. Au commandement de *marche*, le peloton reprend la marche directe en se conformant aux principes prescrits à l'Ecole du soldat n° 75 ; l'instructeur se porte à trente pas en avant du chef de peloton, lui fait face, se place correctement sur le prolongement du chef de peloton et du sous-officier de remplacement, et y place par un signe le sous-officier chargé de la direction, s'il n'est pas sur cette ligne. Ce sous-officier prend aussitôt deux points à terre entre lui et l'instructeur, et en prend ensuite de nouveaux à mesure qu'il avance, comme il est expliqué n° 109.

118. Le peloton étant en marche directe, l'instructeur lui fait quelquefois marquer et changer le pas, passer du pas accéléré au pas gymnastique et réciproquement, par les commandements prescrits à l'Ecole du soldat, n° 46, 50, 78 et 80.

119. Lorsque le peloton passe du port d'arme à l'arme sur l'épaule droite, le second rang raccourcit un peu le premier pas, afin de se trouver à la distance de quarante et un centimètres, et l'allonge, au contraire, pour reprendre la distance de trente-trois centimètres, lorsqu'on lui fait porter l'arme.

OBSERVATIONS.

120. L'instructeur fait placer le chef de peloton, et le sous-officier de remplacement tantôt à la droite et tantôt à la gauche du peloton.

121. Le sous-officier chargé de la direction ayant la plus grande influence sur la marche du peloton, l'instructeur le choisit toujours parmi ceux qui ne laissent rien à désirer, soit pour la précision du pas, soit pour l'habitude de maintenir les épaules carrément et de se prolonger sans varier dans une direction donnée.

122. Si le sous-officier chargé de la direction n'observe pas ces principes, le peloton flotte nécessairement, les soldats ne peuvent contracter l'habitude de faire des pas égaux en longueur et en vitesse, et de maintenir les épaules carrément, seul moyen d'arriver à la perfection de la marche en bataille.

123. L'instructeur, afin de mieux affermir les soldats dans la longueur et la cadence du pas et dans les principes de la marche en bataille, fait marcher le peloton trois ou quatre cents pas de suite sans l'arrêter, lorsque le terrain le permet.

124. L'instructeur veille avec le plus grand soin à l'observation de tous les principes de la marche en bataille ; il se tient le plus souvent sur le flanc du côté de la direction, de manière à voir les deux rangs et à remarquer toutes les fautes ; il se place aussi quelquefois en arrière de la file de direction, s'y arrête pendant vingt ou trente pas de suite, pour observer si le sous-officier chargé de la direction s'écarte de la perpendiculaire.

ARTICLE II.

ARRÊTER LE PELOTON MARCHANT EN BA-
TAILLE ET L'ALIGNER.

125. L'instructeur, voulant arrêter le peloton, commande :

1. *Peloton.*

2. Halte.

126. Au commandement de *halte*, le peloton s'arrête, le sous-officier chargé de la
direction reste devant le peloton, à moins
que l'instructeur, ne voulant plus faire marcher en avant, ne lui commande de reprendre sa place de bataille.

127. Le peloton étant arrêté, l'instructeur
peut faire prendre un alignement comme
il est prescrit n° 31, ou bien, il peut se
borner à faire rectifier l'alignement ; dans
ce dernier cas, il commande : *Chef de peloton, rectifiez l'alignement.* Le chef de peloton porte aussitôt les yeux sur le rang
et rectifie l'alignement, en se conformant à
ce qui est prescrit à l'École du soldat,
n° 65.

128. Le peloton étant arrêté, l'instructeur
peut faire marcher le pas en arrière, à cet
effet, il commande :

1. *Peloton en arrière.*

2. Marche.

129. Le pas en arrière s'exécute d'après les principes prescrits à l'Ecole du soldat, no 50 ; mais l'usage en étant peu fréquent, l'instructeur ne le fait marcher que dix à douze pas de suite , et seulement de temps à autre.

ARTICLE III.

MARCHER EN BATAILLE EN RETRAITE.

130. Le peloton étant arrêté et correctement aligné , lorsque l'instructeur veut le faire marcher en bataille en retraite , i commande :

1. *Peloton.*
2. Demi-tour. — A droite.

131. Après avoir fait demi-tour , le peloton exécute la marche en bataille en retraite par les mêmes commandements et d'après les mêmes principes que la marche en bataille en avant , avec cette différence , que le sous-officier chargé de la direction se place à six pas en avant des serre-files , que le sous-officier de remplacement se porte sur l'alignement des serre-files en avant de son créneau, et que le chef de peloton le remplace au second rang.

132. L'instructeur fait exécuter, en marchant en bataille en retraite, tout ce qui est prescrit pour la marche en bataille en avant ; les commandements et les moyens d'exécution sont les mêmes.

133. L'instructeur, voulant faire cesser la marche en retraite, arrête le peloton et lui fait faire demi-tour par les commandements prescrits n° 130.

134. Si le peloton est en marche et que l'instructeur veuille le faire passer, sans l'arrêter, de la marche en bataille en avant à la marche en bataille en retraite, et réciproquement, il commande :

1. *Peloton demi-tour à droite.*

2. Marche.

135. Au commandement de marche, le peloton fait vivement demi-tour, comme il est prescrit à l'Ecole du soldat, n° 85. et continue à marcher dans la nouvelle direction,

136. Le sous-officier chargé de la direction fait demi-tour en même temps que le peloton, et se porte rapidement à six pas en avant des serre-files sur le prolongement de la file de direction. L'instructeur l'assure sur la direction par les moyens indiqués n° 106. Le sous-officier de remplacement, le chef de peloton et les soldats se conforment aux principes de la marche en retraite.

137. Lorsque l'instructeur veut faire reprendre la marche en bataille en avant, il
fait les mêmes commandements et assure
la direction par les mêmes moyens.

138. Le peloton marchant en retraite, si
l'instructeur veut lui faire faire demi-tour
et l'arrêter en même temps, il commande :

1. *Peloton demi-tour à droite.*
2. HALTE.

139. Au commandement de *halte,* qui est
fait à l'instant où le pied gauche est près
de passer à terre, les soldats font demi-tour
en tournant sur ce pied, et rapportent le
pied droit sur l'alignement du gauche. Le
chef de peloton, le sous-officier de remplacement et le sous-officier chargé de la direction reprennent leurs places de bataille,
dès que le peloton a fait demi-tour à
droite.

ARTICLE IV.

LE PELOTON MARCHANT EN BATAILLE, LUI
FAIRE EXÉCUTER LES A DROITE ET LES A
GAUCHE.

140. L'instructeur exerce le peloton à
passer sans s'arrêter de la marche en bataille à la marche par le flanc, et réciproquement ; dans l'un et l'autre cas, il emploie les commandements prescrits à l'École

du soldat, n₀ 121, et chacun se conforme aux prescriptions de la marche par le flanc, ou de la marche en bataille.

QUATRIÈME PARTIE

141. Dans une colonne par peloton, les sergents de la 1re et de la 4e demi-section sont guides de droite ou guides de gauche, suivant qu'ils se trouvent au flanc droit ou au flanc gauche du peloton.

142. Dans une colonne par section, la première section est commandée par le sous-lieutenant, et la seconde par le lieutenant; le capitaine se place sur le flanc de la colonne, du côté des guides, à hauteur et à quatre pas de la section de tête, d'où il surveille le peloton entier. Chaque section n'a qu'un seul guide; le sergent de la 1re demi-section est le guide de la première section, le sergent de la 4e demi-section, le guide de la seconde section. Ils sont placés sur l'un ou l'autre flanc de la colonne, du côté de la direction.

143. L'instructeur indique par le commandement de *guide à droite* (ou de *guide à gauche*), le côté où il veut que la direction soit prise.

ARTICLE Ier

ROMPRE EN COLONNE PAR SECTION , DE PIED FERME ET POUR CONTINUER A MARCHER.

144. L'instructeur, voulant faire rompre le peloton *par section à droite* , de pied ferme , commande :

1. *Par section à droite.*
2. MARCHE.

145. Au premier commandement , le chef de peloton se porte à deux pas devant le centre du peloton et les chefs de section , à deux pas devant le centre de leurs sections ; en passant par les flancs extérieurs. Ceux-ci avertissent leurs sections qu'elles doivent converser à droite. Le sous-officier de remplacement prend la place du chef de peloton au premier rang.

146. Au commandement de *marche* , les sections conversent à pivot fixe comme il est prescrit à l'Ecole du soldat , nº 91; le chef de chaque section se porte vivement en dehors du point où doit appuyer l'aile marchante , sur la perpendiculaire à la ligne qu'occupait le peloton , et fait face à cette ligne. Le chef de peloton surveille le mouvement et va se placer comme il est prescrit nº 142.

147. Dans chaque section , lorsque l'hom-

me qui conduit l'aile marchante est près d'arriver sur la perpendiculaire, le chef de section commande :

1. *Section.*

2. Halte.

148. Au commandement de *halte*, qui est fait lorsque l'homme qui conduit l'aile marchante est arrivé à trois pas de la perpendiculaire, la section s'arrête, le guide se porte au point où doit appuyer l'aile marchante; il observe de laisser entre lui et l'homme de droite de la section l'espace nécessaire pour contenir le front de la section. Le chef de section y veille et a soin de l'aligner sur l'homme de droite qui a fait à droite.

149. Le guide de la section étant ainsi établi sur la perpendiculaire, le chef de section se place à deux pas en dehors du guide et commande :

3. *A gauche* — Alignement.

150. L'alignement étant achevé, le chef de section commande :

4. Fixe.

et se porte à deux pas devant le centre de sa section.

151. Les serre-files se conforment au mouvement de leurs sections, et se placent à deux pas derrière le second rang.

152. On rompt *par section à gauche* d'aprè- les mêmes principes.

153. Dans le mouvement de rompre *par section à droite* (ou *à gauche*) , lorsque le sous-officier de remplacement se trouve près de l'homme du pivot, il ne bouge pas jusqu'au commandement de *halte* , et quand il est placé du côté opposé , il conduit l'aile marchante.

154. L'instructeur , voulant faire rompre le peloton par section à droite et porter la colonne en avant de suite après la conversion, commande :

1. *Section à droite.*

2. Marche.

155. Au premier commandement , le chef du peloton et les chefs de section se portent aux places indiquées nº 145 , et ces derniers préviennent leurs sections qu'après avoir conversé, elles doivent se porter en avant.

156. Au commandement de *marche*, les sections conversent à droite par les principes de conversion à pivot fixe ; les chefs de section restent devant le centre de leurs sections et surveillent le mouvement de conversion ; le chef de peloton va se placer comme il est prescrit nº 142.

157. Lorsque l'homme qui conduit l'aile marchante de chaque section est près d'arriver sur la perpendiculaire , l'instructeur commande :

3. *En avant.*
4. MARCHE.
5. *Guide à gauche* (ou *à droite*).

158. Au quatrième commandement, qui est fait à l'instant où la conversion est achevée, les sections se portent en avant.

159. Au cinquième commandement, le guide de chaque section se porte sur le flanc de la colonne, du côté de la direction, s'il n'y est déjà ; les soldats prennent le tact des coudes du côté du guide, et celui de la section de tête prend aussitôt des points à terre dans la direction que lui indique l'instructeur.

160. Le mouvement de *sections à gauche* s'exécute d'après les mêmes principes, et par les mêmes commandements, en substituant l'indication de *gauche* à celle de *droite*.

161. Si le peloton est en marche, le mouvement de *sections à droite* (ou *à gauche*) s'exécute également par les mêmes commandements et d'après les mêmes principes.

162. Dans le mouvement de *sections à droite* (ou *à gauche*), lorsque le sous-officier de remplacement se trouve près de l'homme du pivot, il se place à côté de lui au moment où ce dernier fait à droite (ou à gauche), et quand il est placé du côté opposé, il conduit l'aile marchante.

OBSERVATION.

163. L'instructeur, placé en avant du peloton, observe si les sections après avoir rompu en colonne, sont placées perpendiculairement à la ligne qu'occupait le peloton en bataille, et si le guide, qui s'est porté au point où doit aboutir l'aile de sa section, a laissé entre lui et l'homme de droite (ou de gauche) du premier rang, l'espace nécessaire pour contenir le front de la section.

ARTICLE II.

MARCHER EN COLONNE.

164. Le peloton étant rompu par section, si l'instructeur veut faire marcher la colonne, il se porte à environ trente pas en avant, fait face au guide de la tête et l'avertit de prendre des points à terre sur la ligne droite qui, partant de lui, irait passer entre ses talons.

165. Ces dispositions étant faites, l'instructeur se retire et commande :

    1. *Colonne en avant.*
    2. *Guide à gauche* (ou *à droite.*)
    3. MARCHE.

166. Au commandement de *marche*, vivement répété par les chefs de section, les sections partent vivement et au même instant.

167. Les soldats se conforment, en marchant, aux principes prescrits pour l'Ecole du soldat, n° 71. L'homme de chaque section placé à côté du guide a soin de ne jamais le dépasser.

168. Le guide de la tête observe, avec la plus grande précision, la longueur et la cadence des pas, et assure la direction de sa marche par les moyens prescrits n° 109.

169. Le guide suivant marche dans la trace du guide de la tête, en conservant entre ce guide et lui une distance égale à l'étendue du front de sa section et en marchant le même pas que ce guide. S'il perd sa distance, il la reprend peu à peu, en allongeant ou en raccourcissant insensiblement le pas, afin qu'il n'y ait ni temps d'arrêt, ni à-coup dans la marche. S'il s'est jeté sensiblement en dehors ou en dedans de la direction, il s'y replace peu à peu en avançant plus ou moins l'une ou l'autre épaule.

170. Si les sections du peloton rompu en colonne n'ont pas le même nombre de files, le guide de la section de queue se met dans la direction du guide de la tête lorsque la colonne est en marche, en observant les prescriptions du n° 169.

Il en est de même lorsque, pendant la marche, l'instructeur change le côté de la direction.

171. Les chefs de section veillent à ce

que les soldats se conforment au mouvement du guide de leurs sections.

172. Toutes les fois qu'on est rompu en colonne, les chefs de subdivisions répètent vivement les commandements de *marche* et de *halte* de l'instructeur à l'instant même où ils leur parviennent, et sans se régler l'une sur l'autre; ils ne répètent aucun autre commandement, et avertissent seulement leurs subdivisions de ce qu'elles ont à faire.

OBSERVATIONS.

173. Le guide de chaque section est responsable de la distance, de la direction et du pas ; le chef de section l'est de l'ordre et de l'ensemble de sa section ; en conséquence, il se retourne souvent pour y veiller.

174. Lorsque les guides se portent d'un flanc à l'autre de la colonne, ils passent toujours devant le front de leurs sections.

175. L'instructeur, placé sur le flanc du côté des guides, veille à l'exécution de tous les principes prescrits; il se place aussi quelquefois en arrière des guides, s'aligne correctement sur eux et laisse marcher la colonne vingt ou trente pas de suite pour vérifier si le guide de la tête ne s'écarte pas de la direction, et si le guide suivant marche exactement dans la trace du premier.

CHANGER DE DIRECTION.

176. Les changements de direction d'une colonne en marche s'exécutent toujours par les principes des conversions à pivot mouvant ; ainsi, chaque fois qu'une colonne doit changer de direction, l'instructeur fait prendre à la colonne le guide du côté opposé ou changement de direction, s'il n'y est déjà.

177. La colonne étant en marche, si l'instructeur veut lui faire changer de direction *à droite*, il en prévient le chef de la section de tête et se porte aussitôt de sa personne, ou envoie un jalonneur au point où le mouvement doit commencer ; l'instructeur ou le jalonneur s'y place sur la direction des guides, de manière à présenter la poitrine au flanc de la colonne.

178. Le guide de la tête se dirige sur l'instructeur ou sur le jalonneur, de manière que son bras gauche rase la surface de la poitrine de ce jalonneur, et lorsqu'il est près d'arriver à sa hauteur, le chef de section commande :

1. *A droite conversion.*

2. MARCHE,

179. Le premier commandement est fait lorsque la section est à quatre pas du jalonneur.

180. Au commandement de *marche*, qui est prononcé à l'instant où le guide arrive au point de conversion, la section converse à droite, en se conformant à ce qui est prescrit à l'École du soldat n° 100.

181. La conversion étant achevée, le chef de section commande :

3. *En avant.*

4. MARCHE.

182. Ces commandements sont prononcés et exécutés comme il est prescrit à l'École du soldat, n°s 101 et 102. Le guide de la première section prend des points à terre dans la nouvelle direction, afin d'assurer sa marche.

183. La section de queue continue à marcher droit devant elle, son guide se dirigeant sur le jalonneur, et le mouvement s'exécute comme il vient d'être expliqué.

184. Le changement de direction étant achevé, l'instructeur conserve le guide du côté où il se trouve, ou le fait prendre à droite s'il le juge convenable.

185. Les changements de directions *à gauche* s'exécutent d'après les mêmes principes.

OBSERVATIONS.

186. Afin de préparer les soldats aux

différentes formations en bataille, qui nécessitent l'emploi du mouvement de *tourner à droite* (ou *à gauche*), l'instructeur fait exécuter quelquefois à la colonne des changements de direction du côté du guide. Dans ce cas, le chef de la section de tête commande : *Tournez à droite* (ou *à gauche*), au lieu de *à droite* (ou *à gauche*) *conversion*. Les subdivisions tournent en se conformant à ce qui est prescrit à l'École du soldat. no 106 Le guide de la tête, après avoir tourné, prend des points à terre afin d'assurer sa marche.

187. Il est très-important, pour la conservation des distances et de la direction, que toutes les subdivisions exécutent leur changement de direction précisément à la même place que la première ; c'est pour cette raison que l'instructeur doit se porter ou envoyer un jalonneur un peu d'avance au point où l'on doit changer de direction, et qu'il est prescrit aux guides de se diriger sur lui, et aux chefs de subdivision de ne faire commencer le mouvement qu'à l'instant où le guide rase la surface de la poitrine de l'instructeur ou du jalonneur.

188. Le chef de chaque subdivision se tourne face à sa subdivision lorsque celle qui la précède commence à tourner ou à converser, afin de veiller à ce qu'elle continue à marcher carrément jusqu'au point où elle doit changer de direction.

189. Si, dans les changements de direc-

tion, le pivot de la subdivision qui converse ne dégage pas le point de conversion, la subdivision suivante est arrêtée, et les distances se perdent. Les chefs de subdivisions doivent veiller avec le plus grand soin à l'exécution de ce principe, et avertir le pivot d'allonger ou de raccourcir le pas, selon qu'ils le jugent nécessaire ; par la nature de ce mouvement, le centre de la subdivision doit cintrer un peu en arrière.

190. Les guides qui conduisent l'aile marchante ne doivent jamais altérer la longueur, ni la cadence du pas dans les changements de direction.

ARRÊTER LA COLONNE.

191. La colonne étant en marche, lorsque l'instructeur veut l'arrêter, il commande :

1. *Colonne.*

2. HALTE.

192. Au commandement de *halte*, vivement répété par les chefs de section, la colonne s'arrête, les guides ne bougent plus, quand même ils n'ont pas leurs distances et ne se trouvent pas sur la direction.

OBSERVATIONS.

193. Si le commandement de *halte* n'est

pas répété avec la plus grande vivacité et exécuté au même instant, les distances se perdent.

194. Si un guide, ayant perdu sa distance, cherche à la reprendre après le commandement de *halte*, il ne fait par là que rejeter sa faute sur le guide suivant, qui, s'il a bien marché, se trouve alors n'avoir plus sa distance ; si ce dernier veut à son tour reprendre la sienne, le même mouvement se propage successivement jusquà la queue de la colonne.

ARTICLE III.

LE PELOTON ÉTANT EN COLONNE PAR SECTION, LE FORMER A GAUCHE (OU A DROITE) EN BATAILLE, DE PIED—FERME OU EN MARCHANT.

195. L'instructeur ayant arrêté la colonne, et voulant la former *à gauche* en bataille, fait placer les guides à la gauche de leurs subdivisions, s'ils n'y sont déjà, se porte à distance de section en avant du guide de la tête, lui fait face, rectifie, s'il y a lieu, la position du guide suivant, et commande :

A gauche. — ALIGNEMENT.

196. A ce commandement, les chefs de section se portent vivement à deux pas en dehors de leurs guides, et dirigent l'alignement de leurs sections perpendiculairement à la direction de la colonne.

197. Les chefs de section ayant aligné leurs sections, commandent : FIXE, et se portent promptement devant le centre de leurs sections.

198. Cette disposition étant faite, l'instructeur commande :

1. *A gauche en bataille*.

2. MARCHE.

199. Au commandement de *marche*, vivement répété par les chefs de sections, l'homme qui est au pivot, dans chaque section, fait à gauche, appuie légèrement sa poitrine contre le bras du guide placé à côté de lui, lequel ne bouge pas ; les sections conversent à pivot fixe, chaque chef de section se tourne face à sa section pour y veiller, et lorsque l'aile marchante est près d'arriver sur la ligne de bataille, il commande : 1. *Section*. 2. HALTE.

200. Le commandement de *halte* est fait de manière à arrêter la section lorsque l'aile marchante arrive à trois pas de la ligne de bataille.

201. Les chefs de section ayant arrêté leurs sections, se portent en serre-file en passant par le côté de l'aile marchante.

202. Le chef de peloton se porte promp-

tement sur la ligne de bataille, au point où
doit appuyer la droite du peloton, et commande :

A *droite* — ALIGNEMENT.

203. A ce commandement, les deux sections se placent sur l'alignement; l'homme
de droite de la section de droite qui cor-
respond à l'instructeur, appuie légèrement
sa poitrine contre le bras gauche de ce
dernier, le chef de peloton dirige l'alignement sur l'homme de gauche du peloton.

204. Le peloton étant aligné, le chef de
peloton commande :

FIXE.

205. L'instructeur commande ensuite :

Guides — A VOS PLACES.

206. A ce commandement, les guides reprennent leurs places de bataille, ainsi que
le chef de peloton, s'il n'y est déjà.

207. Le mouvement de *à droite* en bataille se fait d'après les mêmes principes.

208. Si la colonne est en marche, et que
l'instructeur veuille la former en bataille
sans l'arrêter, il fait les commandements
prescrits n° 198, et se porte rapidement à
distance de section, en avant du guide de
la tête.

209. Au commandement de *marche*, vivement répété par les chefs de section, les guides de gauche s'arrêtent court; l'instructeur, le chef de peloton, les chefs de section et les sections se conforment à ce qui est prescrit numéros 199 et suivants.

210. On peut aussi former la colonne en bataille pour continuer à marcher. L'instructeur commande alors :

1. *Sections à gauche.*

2. MARCHE.

211. Au premier commandement, les chefs de section préviennent leurs sections qu'après avoir conversé elles doivent se porter en avant.

212. Au commandement de *marche*, les guides s'arrêtent; les sections conversent à pivot fixe, et lorsque la droite de chacune d'elles est près d'arriver sur la ligne de bataille, l'instructeur commande :

3. *En avant.*

4. MARCHE.

5. *Direction à droite.*

213. Au commandement de *marche*, tout le peloton prend le pas de soixante-cinq centimètres, et le chef de peloton, les chefs de section et les guides reprennent vivement leurs places de bataille.

214. Au cinquième commandement, le sous-officier chargé de la direction se place à six pas en avant du chef de peloton et est assuré sur la direction par l'instructeur, comme il est prescrit n⁰ 117.

OBSERVATIONS.

215. L'instructeur peut se dispenser de faire le commandement de *à gauche* (ou *à droite*) *alignement* avant de commander *à gauche* (ou *à droite*) *en bataille*, à moins que, par la rectification des guides, il ne soit devenu nécessaire que les sections appuient à droite ou à gauche.

216. L'instructeur, avant de commander *à gauche* (ou *à droite*) *en bataille*, doit s'assurer que la section de queue ait exactement sa distance. Cette attention est importante pour habituer les guides à ne jamais se négliger sur ce point essentiel.

ARTICLE IV.

LE PELOTON MARCHANT EN COLONNE PAR SECTION, LE FORMER SUR LA DROITE (OU SUR LA GAUCHE) EN BATAILLE.

217. La colonne étant en marche par section, lorsque l'instructeur veut la former *sur la droite* en bataille, il fait prendre le guide à droite, s'il n'y est déjà, et commande :

Sur la droite en bataille.

218. L'instructeur se porte ensuite promptement au point où il veut appuyer la droite du peloton formé en bataille, et s'y place face au point de direction de gauche qu'il choisit.

219. La ligne de bataille doit être telle, que le guide de chaque section, après avoir tourné à droite, ait au moins dix pas à faire pour y arriver.

220. La tête de colonne étant près d'arriver à hauteur de l'instructeur placé au point d'appui, le chef de la section de tête commande : 1. *Tournez à droite*, et lorsqu'elle est vis-à-vis l'instructeur, il commande : 2. Marche.

221. Au commandement de *marche*, la section tourne à droite en se conformant à ce qui est prescrit à l'Ecole du soldat, no 106. Le guide se dirige de manière que l'homme du premier rang placé à côté de lui arrive vis-à-vis l'instructeur; le chef de section marche devant le centre de la section, et lorsque le guide est près d'arriver sur la ligne de bataille, il commande : 3. *Section*. 4. Halte.

222. Au commandement de *halte*, qui est fait au moment où la droite de la section arrive à trois pas de la ligne de bataille, la section s'arrête; les files qui ne sont pas encore en ligne s'y portent promptement. Le guide va se placer sur la ligne de bataille, vis-à-vis l'une des trois files de gauche de sa section, et fait face à l'instruc-

teur qui l'aligne sur le point de direction
de gauche, et le chef de section reprend
sa place en serre-file en passant par la
gauche de sa section. Le chef de peloton
se porte en même temps au point où doit
appuyer la droite du peloton, et commande :

A droite — ALIGNEMENT.

223. A ce commandement, la section s'a-
ligne: l'homme du premier rang qui cor-
respond au guide appuie légèrement sa
poitrine contre le bras droit de ce guide,
et le chef de peloton dirige l'alignement
sur cet homme.

224. La section de queue continue à marcher droit devant elle jusqu'à ce que le
guide arrive à hauteur de la file de gauche
de la première; elle tourne alors à droite
au commandement de son chef, et se porte
ensuite vers la ligne de bataille, son guide
se dirigeant sur la file de gauche de la section déjà établie.

225. Le guide étant arrivé à trois pas de
la ligne de bataille, cette section est arrêtée
comme il est prescrit pour la section de
tête; à l'instant où elle s'arrête, le guide
se porte promptement sur la ligne à hauteur
de l'une des trois files de gauche de sa
section, et y est assuré par l'instructeur.

226. Le chef de la section de queue,
voyant toutes les files entrées en ligne, et

son guide établi sur la direction, commande : *A droite* — ALIGNEMENT.

Il se porte ensuite en serre-file en passant par la gauche; la section se place sur l'alignement, et lorsqu'elle y est établie, le chef de peloton commande :

FIXE.

227. Le mouvement étant terminé, l'instructeur commande :

Guides — A VOS PLACES.

228. A ce commandement, les guides reprennent leurs places de bataille, ainsi que le chef de peloton, s'il n'y est déjà.

229. On forme une colonne *sur la gauche* en bataille d'après les mêmes principes et par les mêmes commandements en substituant l'indication de *gauche* à celle de *droite.*

230. Il est de principe de ne pas inverser les sections dans le peloton. Lorsque l'instructeur veut faire passer le peloton de l'ordre en colonne à l'ordre en bataille, il doit avoir soin de choisir entre les mouvements de *à droite* (ou *à gauche*) en bataille, et de *sur la droite* (ou *sur la gauche*) en bataille, de manière à ne pas inverser les subdivisions.

OBSERVATION RELATIVE A LA QUATRIÈME PARTIE.

231. On exerce quelquefois le peloton à

exécuter *par peloton* les mouvements de la quatrième partie. On observe les mêmes principes et on emploie les mêmes commandements, en substituant l'indication de *peloton* à celle de *section.*

Dans les mouvements de *par peloton à droite* (ou *à gauche*), et de *peloton à droite* (ou *à gauche*), le sergent de la 4e demi-section se porte au flanc extérieur de sa demi-section, pour la conduire, lorsqu'elle est à l'aile marchante, et ne s'y porte qu'au commandement de *halte*, lorsqu'elle est au pivot.

CINQUIÈME PARTIE.

ARTICLE Ier.

ROMPRE ET FORMER LE PELOTON.

ROMPRE LE PELOTON.

232. Le peloton étant, en marche, supposé faire partie d'une colonne, l'instructeur peut le faire rompre par section, en portant l'une ou l'autre section en avant. Si l'instructeur veut rompre le peloton en portant la section de droite en avant, il commande :

14

1. *Rompez le peloton.*
2. *Section de droite en avant.*

233. Au premier commandement, les chefs de section se portent devant le centre de leurs sections.

234. Au second commandement, le chef de la section de droite la prévient qu'elle doit continuer à marcher droit devant elle, et le chef de la section de gauche commande : *Marquez le pas.*

235. L'instructeur commande ensuite :

MARCHE.

236. La section de droite continue à marcher droit devant elle, son guide se porte sur le flanc du côté de la direction, s'il n'y est déjà. La section de gauche marque le pas, et son chef commande aussitôt : 1. *Oblique à droite.* **2.** MARCHE. Ce dernier commandement est fait de manière que la section commence à obliquer dès qu'elle est dépassée par le rang des serre-files de la section qui précède. Le guide de la section de gauche se porte sur le flanc du côté de la direction, s'il n'y est déjà.

237 Le chef de la section de gauche fait ensuite le commandement de 1. *En avant,* et celui de **2.** MARCHE, à l'instant où le guide de sa section couvre le guide de la section qui est en avant.

238. Le chef de peloton se place comme il est prescrit n° 142.

239. Si l'instructeur veut faire rompre le peloton, en portant la section de gauche en avant, le mouvement s'exécute d'après les mêmes principes et par les mêmes commandements en substituant l'indication de *gauche* à celle de *droite*.

FORMER LE PELOTON.

240. La colonne étant en marche par section, la section de *droite* en avant, lorsque l'instructeur veut faire former le peloton, il commande :

1. *Former le peloton.*
2. *Section de tête oblique à droite.*

241. Au second commandement le chef de la section de tête la prévient qu'elle doit obliquer à droite, et le chef de la section de queue, que sa section doit continuer à marcher droit devant elle.

242. L'instructeur commande ensuite :

3. MARCHE.

243. La section de tête oblique à droite, et le guide de cette section se porte sur le flanc droit, s'il n'y est déjà. Lorsque la section de tête est près de démasquer celle qui suit, le chef de cette section commande : 1. *Marquez le pas* et 2. MARCHE, à

l'instant où elle l'a démasquée ; la section
de tête cesse alors d'obliquer et marque le
pas.

244. Pendant ce temps , la section de
queue continue à marcher droit devant elle,
et lorsqu'elle est près d'arriver à hauteur
de la section de tête, son guide se porte au
flanc gauche, s'il n'y est déjà. Le chef de
peloton commande : 1. *En avant*, et 2.
MARCHE, à l'instant où les deux sections
se réunissent ; la section de tête cesse alors
de marquer le pas et tout le peloton se
porte en avant. Le chef de peloton se place
devant le centre du peloton, et les chefs de
section se portent en serre-file.

245. La colonne étant en marche par section, la section de *gauche* en avant, si l'instructeur veut faire former le peloton, le
mouvement s'exécute d'après les mêmes
principes et par les mêmes commandements, en substituant l'indication de *gauche*
à celle de *droite*.

246. L'instructeur fait aussi quelquefois
rompre et former le peloton au commandement du chef de peloton.

OBSERVATIONS.

247. L'instructeur se place sur le flanc,
du côté de la direction d'où il peut le mieux
apercevoir tous les mouvements.

248. En rompant et en formant le peloton, il est nécessaire que les sections obliquent de manière à ne pas perdre leurs distances. Les chefs de section y veillent avec attention, et se retournent face à leurs sections.

METTRE DES FILES EN ARRIÈRE ET LES FAIRE RENTRER EN LIGNE.

249. On met des files en arrière pour franchir des obstacles de courte durée.

250. Les files sont mises en arrière sur le flanc où l'obstacle se présente, et sur les deux flancs à la fois, si c'est nécessaire. Chaque chef de subdivision met les files en arrière lorsque la subdivision arrive près de l'obstacle, et il les fait rentrer en ligne aussitôt que l'obstacle est franchi.

251. Lorsque l'instructeur veut faire mettre des files en arrière, il en donne l'ordre au chef de peloton, qui se retourne aussitôt face à son peloton, et commande :

1. *Une file de gauche* (ou *de droite*) *en arrière.*

2. MARCHE.

252. Au commandement de *marche*, la file désignée fait à droite (ou à gauche) et se place, l'homme du rang qui est en arrière, derrière la deuxième file voisine, l'homme du rang qui est en avant, derrière

— 214 —

la première, et ayant soin de ne pas perdré
de distance.

253. L'instructeur voulant faire rompre
encore une file du même côté, en donne
l'ordre au chef de peloton ; ce dernier fait
les commandements indiqués ci-dessus.

254. Au commandement de *marche*, fait
par le chef de peloton, la file déjà rompue,
oblique d'une file à droite (ou à gauche', en
raccourcissant le pas afin de faire place,
entre elle et le rang qui est en arrière du
peloton, à la file qui doit se porter en arrière, celle-ci rompt de la même manière
que la première.

255. L'instructeur fait diminuer ainsi le
front du peloton de tel nombre de files qu'il
veut sur l'un ou l'autre flanc.

256. Lorsque l'instructeur veut faire rentrer des files en ligne, il en donne l'ordre
au chef de peloton, qui commande aussitôt :

    1. *Une file de gauche* (ou *de droite*) en
    ligne.

    2. Marche.

257. Au commandement de *marche*, la
première file de celles qui marchent par le
flanc rentre vivement en ligne, et les files
suivantes obliquent à gauche (ou à droite)
d'une file, et serrent à leur distance.

258. Le chef de peloton, faisant face à

son peloton, veille à l'observation des principes qui viennent d'être prescrits.

259. L'instructeur ayant fait rompre des files l'une après l'autre, et les ayant fait rentrer en ligne de même, fait rompre deux ou trois files ensemble; les files désignées font à droite (ou à gauche) sans doubler, et se placent derrière les deux files voisines de leur côté, comme si le mouvement s'exécutait file par file, en observant de ne pas perdre de distance.

260. L'instructeur ordonne ensuite au chef de peloton de faire rentrer en ligne deux ou trois files à la fois; les files désignées se portent vivement en ligne par le chemin le plus court.

261. Toutes les fois qu'on met des files en arrière, s'il y a un guide sur le flanc de la subdivision, il appuie à droite (ou à gauche), à mesure que le front diminue, de manière à se trouver toujours à côté du premier homme de ceux qui marchent de front; il appuie en sens contraire, à mesure qu'on fait rentrer des files en ligne.

262. On peut mettre des files en arrière et les faire rentrer en ligne des deux côtés à la fois, d'après les mêmes principes et par les commandements suivants :

1. (*Tant*) *de files de gauche, et* (*tant*) *de files de droite en arrière.*

2. MARCHE.

Ou :

1. *(Tant) de fil s de gauche, et (tant) de files de droite en ligne.*

2. **MARCHE.**

263. Comme il est de règle qu'une troupe ne doit jamais occuper plus de place en colonne qu'elle n'en occupe en bataille, on ne met des files en arrière, qu'autant qu'on n'allonge pas la colonne.

ARTICLE II.

LE PELOTON MARCHANT EN COLONNE PAR SECTION, LE FORMER PAR LE FLANC POUR MARCHER DANS LA MÊME DIRECTION.

264. Le peloton étant rompu par section, l'instructeur le fait marcher par le flanc dans la même direction par les commandements suivants :

1. *Peloton par le flanc droit (ou gauche).*

2. *Par file à gauche (ou à droite).*

3. **MARCHE.**

265. Au commandement de *marche,* les sections font à droite (ou à gauche); dans chaque section, la file de tête converse à gauche (ou à droite), et les autres files viennent successivement converser à la même place. La file de tête de la section de queue se dirige de manière à se placer à la suite de la section qui la précède. Le chef de peloton, les chefs de section et les guides se portent à la place qui leur est assignée dans la marche du peloton par le flanc, avant que les subdivisions soient réunies.

266. Lorsque les subdivisions du peloton sont par le flanc, si elles ont des files qui n'ont pas doublé, comme il est dit n⁰ 280, ces files doublent l'une· sur l'autre en se rejoignant.

ARTICLE III.

LE PELOTON MARCHANT PAR LE FLANC, LE FORMER PAR PELOTON OU PAR SECTION EN LIGNE.

267. Le peloton marchant par le flanc droit, si l'instructeur veut le former *par peloton en ligne*, il commande :

1. *Par peloton en ligne.*
2. MARCHE.

268. Au commandement de *marche*, le sous-officier placé en tête du peloton continue à marcher droit devant lui ; les soldats avancent l'épaule droite, accélèrent le pas, et se portent en ligne par le chemin le plus court, en observant de dédoubler les files et de n'y entrer que l'un après l'autre, et sans courir. A mesure que les soldats arrivent en ligne, ils prennent le pas du sous-officier qui est à la droite.

269. Les hommes du rang qui est en arrière se conforment au mouvement de leurs chefs de file, mais sans chercher à arriver en ligne en même temps qu'eux ; le sergent de la demi-section placée à la gauche, se porte sur la ligne en même temps que la dernière file.

270. A l'instant où le mouvement commence, le chef de peloton fait face à son peloton, pour en surveiller l'exécution ; dès que le peloton est formé, l'instructeur commande : *Guide à gauche* (ou *à droite*), le chef de peloton se porte à deux pas devant le centre de son peloton, et prend le pas du peloton.

271. Lorsque le peloton marche par *le flanc gauche*, ce mouvement s'exécute par les mêmes commandements et d'après les mêmes principes.

272. Le peloton étant en marche par le flanc, si l'instructeur veut faire former les sections en ligne, il commande :

1. *Par section en ligne.*
2. MARCHE.

273. Le mouvement s'exécute dans chaque section d'après les mêmes principes. Les chefs de section se portent devant le centre de leurs sections, celui de la section de tête passant par la tête du peloton, et celui de la section de queue, par l'ouverture qui se fait au centre du peloton. L'instructeur commande : *Guide à gauche* (ou *à droite*), à l'instant où les subdivisions sont formées.

274. Au commandement de *Guide à gauche* (ou *à droite*), fait par l'instructeur, le chef de peloton qui a suivi le mouvement en avant de la section de tête se porte à sa place de colonne, et les guides se portent au flanc gauche (ou au flanc droit), s'ils n'y sont déjà.

275. Dans ces divers mouvements, les serre-files suivent leurs sections.

276. L'instructeur peut quelquefois faire exécuter ces mouvements au commandement du chef de peloton.

OBSERVATION.

277. Lorsque la première section est composée d'un nombre impair de files, que le peloton fait par le flanc droit, la première file de la seconde section qui a un numéro pair double sur la dernière file de la première section qui a un numéro impair, et si le peloton fait par le flanc gauche, cette dernière file de la première section double sur la première de la seconde section. Lorsque le peloton est formé par section en ligne, ces files se portent en ligne avec leur section respective, à la place qui leur est assignée dans la marche en colonne.

ARTICLE IV.

LE PELOTON MARCHANT EN COLONNE PAR SECTION, LUI FAIRE EXÉCUTER LES A DROITE ET LES A GAUCHE.

278. Le peloton marchant en colonne par section, l'instructeur l'exerce à exécuter les à droite et les à gauche ; il emploie les commandements prescrits à l'Ecole du soldat, no 121, et chacun se conforme aux prescriptions de la marche par le flanc ou de la marche en colonne.

279. Si, après avoir fait à droite (ou à gauche) en marchant, les serre-files se trouvent en avant, le chef de peloton se place à deux pas derrière le centre du rang opposé aux serre-files, les guides passent au rang qui est en avant et les serre-files marchent devant ce rang.

280. Dans l'exécution des à droite et des à gauche en colonne par section, si la dernière file de la première section a un numéro impair, cette file ne double jamais dans les mouvements de flanc, conformément aux principes prescrits à l'école du soldat, no 123. Il en est de même de la première file de la seconde section qui a alors un numéro pair.

ARTICLE V.

MARCHER EN COLONNE DE ROUTE.

281. Le peloton étant en marche et sup-

posé faire partie d'une colonne, lorsque l'instructeur veut lui faire prendre le pas de route, il commande :

1. *Pas de route*.

2. MARCHE.

282. Au commandement de *marche*, les soldats prennent le pas de route et mettent d'eux-mêmes l'arme à volonté; ils ne sont plus tenus à marcher du même pied ni à observer le silence; les files marchent à l'aise, mais on a attention que les rangs ne se confondent pas, que les hommes du premier rang ne dépassent jamais le guide, et que ceux du second rang ne prennent que soixante-dix centimètres de distance.

283. Le peloton marchant au pas de route, lorsque l'instructeur veut le faire marcher au pas cadencé, il commande :

1. *Pas accéléré*.

2. MARCHE.

284. Au commandement de *marche*, les soldats prennent le pas cadencé, mettent l'arme sur l'épaule droite et serrent de manière à avoir quarante et un centimètres de distance entre chaque rang.

285. Le peloton marchant au pas de route, l'instructeur peut faire rompre et former le peloton, mettre des files en arrière et les faire rentrer en ligne. Ce mouvements s'exécutent comme il est prescrit à l'article premier de la cinquième partie.

286. Le peloton marchant au pas de route, en colonne par section, l'instructeur peut faire rompre les sections, si elles sont de dix files et au-dessus.

287. On rompt les sections en portant en avant les demi-sections de droite (ou de gauche), suivant que le peloton a été rompu la section de droite (ou de gauche) en avant. L'instructeur commande :

1. *Rompez les sections.*
2. *Demi-sections de droite* (ou de *gauche*) *en avant.*
3. Marche.

288. On forme les sections en faisant obliquer les demi-sections de tête de chaque section à droite (ou à gauche) suivant que leur place est à la droite (ou à la gauche) des demi-sections de queue. L'instructeur commande :

1. *Formez les sections.*
2. *Demi-sections de tête oblique à droite* (ou *à gauche*).
3. Marche.

289. Dans une colonne par demi-section la première et la troisième demi-section sont commandées par les chefs de section ;

la deuxième, par le sergent de cette demi-section ou par le fourrier, s'il est plus ancien ; le quatrième, par le sergent-major.

290. Chaque sergent est le guide de sa demi-section. Dans la deuxième demi-section, le fourrier sert de guide, s'il est moins ancien que le sergent.

291. Aussitôt que les sections sont rompues, le chef de peloton se place comme il est prescrit n° 142, les chefs de demi-section se portent au flanc de leurs demi-sections du côté de la direction, au premier rang, et les guides reculent au second rang. Les chefs de demi-section reprennent leurs places à deux pas devant le centre de leurs subdivisions, lorsque le peloton passe du pas de route au pas cadencé.

292. Le peloton étant en marche au pas de route, l'instructeur lui fait changer de direction à droite (ou à gauche), ce qui s'exécute sans commandement et à l'avertissement seulement des chefs de subdivision. Le second rang vient changer de direction à la même place que le premier ; chaque rang se conforme, quoique au pas de route, aux principes qui ont été prescrits pour changer de direction à rangs serrés.

293. Lorsque le peloton est en colonne par section ou par demi-section, les changements de direction se font sans changer les guides de place, et par des mouvements de conversion.

294. Le peloton, supposé faire partie d'une colonne, ou rompu en colonne par section ou demi-section, étant en marche au pas de route, si l'instructeur veut le faire marcher par le flanc dans la même direction, il lui fait prendre le pas cadencé, et fait les commandements prescrits n° **264.**

295. L'instructeur fait quelquefois exécuter ces divers mouvements au commandement du chef de peloton.

296. On exerce quelquefois le peloton en colonne par demi-section, à se former en bataille, et quand il est en bataille, à rompre en colonne par demi-section. Dans ce dernier mouvement, les chefs da la 2e et de la 4e demi-section passent par les mêmes créneaux que leurs chefs de section pour se porter devant le centre de leurs d mi-sections.

OBSERVATION RELATIVE A L'ÉCOLE DE PE-

LOTON.

297. En dehors de l'instruction, lorsque le peloton manœuvre isolément, le chef de peloton remplit à la fois les fonctions de chef de peloton et d'instructeur.

INSTRUCTION

POUR

LA MANŒUVRE ET LA CHARGE

DU FUSIL A PERCUSSION.

PREMIÈRE LEÇON.

PRINCIPES DU PORT D'ARMES.

1 L'homme de recrue étant placé dans la position du soldat sans arme, l'instructeur lui fera relever la main gauche sans plier le poignet, et ne faisant agir que l'avant-bras gauche. L'instructeur élèvera le fusil perpendiculairement et le placera de la manière suivante :

2. L'arme dans la main gauche, le bras très-peu ployé, le coude en arrière et près du corps sans le serrer, la paume de la main serrée contre le plat extérieur de la crosse, son tranchant extérieur dans la première articulation des doigts, le talon de la crosse entre le premier et le deuxième doigt, le pouce sur la vis, les deux derniers doigts sous la crosse, qui sera appuyée plus ou moins en arrière suivant la conformation de l'homme, de manière que

l'arme, vue de face, reste toujours perpendiculaire, et que le mouvement de la cuisse, en marchant, ne puisse la faire lever ni vaciller ; la baguette au défaut de l'épaule; le bras droit pendant naturellement, comme il a été prescrit dans la première leçon de la première partie.

OBSERVATIONS RELATIVES AU PORT D'ARMES.

3. On rencontre souvent des hommes de recrue qui ont des défauts naturels dans la conformation des épaules, de la poitrine et des hanches; l'instructeur doit s'efforcer de corriger autant que possible ces défauts, avant de faire porter l'arme au soldat, et doit avoir ensuite une attention suivie à régler le port d'armes suivant ces défauts de conformation, de manière que le coup d'œil général en soit uniforme, sans que les hommes soient gênés dans leurs positions.

4. Il observera que les hommes de recrue, lorsqu'ils commencent à porter l'arme, sont sujets à déranger la position du corps et surtout à renverser les épaules, ce qui fait que l'arme manquant de point d'appui, ils descendent la main gauche pour empêcher que l'arme ne tombe, baissent l'épaule gauche, creusent le flanc, ouvrent les coudes, afin de reprendre l'équilibre, etc.

5. L'instructeur aura attention de cor-

riger tous ces défauts et de rectifier continuellement la position des hommes; il leur ôtera quelquefois l'arme, pour la replacer ensuite, évitera de les fatiguer dans les commencements, et s'attachera à leur rendre peu à peu cette position si naturelle et si facile, qu'ils puissent la conserver longtemps sans fatigue.

6. Enfin, l'instructeur doit apporter beaucoup d'attention à ce que le port d'armes ne soit ni trop haut ni trop bas; s'il était trop haut, il ferait ouvrir le coude gauche, le soldat occuperait par là trop d'espace dans le rang, et l'arme serait chancelante; s'il était trop bas, les files se trouveraient trop serrées, le soldat n'aurait pas l'espace nécessaire pour manier son arme avec facilité, le bras gauche fatiguerait trop, entraînerait l'épaule, etc.

7. L'instructeur, avant de passer à la deuxième leçon, fera répéter les *à droite*, les *à gauche* et les *demi tours à droite*.

DEUXIEME LEÇON.

MANIEMENT DES ARMES.

8. Le maniement des armes sera montré aux deux ou quatre hommes placés d'abord sur un rang, coude à coude, et ensuite sur une ou deux files.

9. L'exécution de chaque commande-

ment ne formera qu'un temps, mais ce temps sera divisé en mouvements, afin d'en faire mieux connaître le mécanisme aux soldats.

10. La vitesse de chacun des mouvements du maniement des armes, sauf les exceptions indiquées ci-après, est fixée à un quatre-vingt-dixième de minute ; mais, afin de ne pas fatiguer l'attention des hommes de recrue, on ne s'attachera d'abord qu'à l'exécution des mouvements, sans exiger qu'ils s'occupent de la cadence, à laquelle on ne les astreindra que progressivement, et lorsqu'ils seront familiarisés avec le maniement de leur arme.

11. Les mouvements relatifs à la capsule, à la cartouche, à la baguette, et au placement et déplacement de la baïonnette, ne peuvent pas être exécutés avec la vitesse qui vient d'être prescrite, ni même avec une vitesse uniforme. Ils ne seront donc point soumis à cette cadence. L'instructeur s'attachera à faire exécuter ces mouvements avec promptitude et surtout avec régularité.

12. Dans tous les temps du maniement des armes, qui se composent de trois ou de quatre mouvements, on précipitera les deux premiers, excepté dans les 1er. 5e , 9e et 11e temps de la charge et dans le temps d'inspection des armes.

13. La dernière syllabe du commandement décidera l'exécution brusque et vive du premier mouvement de chaque temps;

les commandements de *deux* , de *trois* et de *quatre* décideront celle des autres mouvements. Dès que le soldat connaîtra bien la position des divers mouvements d'un temps, on lui montrera à l'exécuter sans s'arrêter sur ces mouvements ; mais il en observera le mécanisme, afin d'assurer l'arme et d'éviter les inconvénients qui résultent de ce qu'on appelle *escamoter l'arme.*

14. Le maniement des armes sera montré dans la progression suivante. L'instructeur commandera :

L'arme—AU BRAS.

Un temps et trois mouvements.

Premier mouvement.

15. Empoigner brusquement l'arme à onze centimètres au-dessous de la platine, sans tourner l'arme et en l'élevant un peu.

Deuxième mouvement.

16. Quitter la crosse de la main gauche, placer l'avant-bras gauche étendu sur la poitrine contre le chien , la main sur le téton droit.

Troisième mouvement.

17. Laisser tomber vivement la main droite à sa position.

18. Les soldats étant l'arme au bras , si

l'instructeur veut les faire reposer , il commandera :

Repos.

19. A ce commandement , les soldats porteront vivement la main droite à la poignée de l'arme , et ne seront plus tenus à garder l'immobilité ni la position.
20. Lorsque l'instructeur voudra faire passer les soldats de l'état de repos à celui d'immobilité , il commandera :

1. *Garde à vous*.
2. l'eloton

21. Au second commandement , les soldans reprendront la position du troisième mouvement de *l'arme au bras*.

Portez— vos armes.

Un temps et trois mouvements.

Premier mouvement.

22. Porter brusquement la main droite à la poignée de l'arme.

Deuxième mouvement.

23. Placer brusquement la main gauche sous la crosse.

Troisième mouvement.

Laiss er tomber vivement la main

droite à sa position , descendre en mê:e
temps l'arme avec la main gauche à la position du port d'arme.

Présentez — VOS ARMES.

Un temps et deux mouvements.

Premier mouvement.

25. Tourner l'arme avec la main gauche,
la platine en dessus, et saisir en même
temps la *poignée* du fusil avec la main
droite , l'arme d'aplomb et détachée de l'é-
paule , laisser la main gauche sous la
crosse.

Deuxième mouvement.

26. Achever de tourner l'arme avec la
main droite pour l'apporter d'aplomb vis-
à-vis le milieu du corps, la baguette en
avant, la main droite restant au-dessous
et contre la sous-garde ; l'empoigner en
même temps brusquement avec la main
gauche, le petit doigt à deux centimètres
environ au-dessus de la platine , le pouce
allongé le long du canon contre la monture , l'avant-bras collé au corps sans être
gêné, la main à hauteur du coude.

Portez — VOS ARMES.

Un temps et deux mouvements.

Premier mouvement.

27. Tourner l'arme avec la main **droite**, le canon en dehors, l'élever et la placer contre l'épaule gauche avec la main **droite**, descendre la main gauche sous la **crosse**, la main droite restant libre à la poignée.

Deuxième mouvement.

28. Laisser tomber vivement la main droite à sa position.

Reposez-vous — SUR VOS ARMES.

Un temps et deux mouvements.

Premier mouvement.

29. Descendre l'arme eu allongeant vivement le bras gauche, la saisir en même temps avec la main droite au-dessus et près de la capucine, lâcher l'arme de la main gauche, et la porter vivement vis-à-vis l'épaule droite, la baguette en avant, le petit doigt derrière le canon, la main droite appuyée à la hanche, la crosse à environ huit centimètres de terre, l'arme d'aplomb, la main gauche pendant sur le côté.

Deuxième monvement.

30. Laisser glisser l'arme dans la **main**, poser la crosse à terre, sans frapper, et prendre la position qui va être indiquée.

POSITION DU SOLDAT REPOSÉ SUR L'ARME.

31. La main basse, le canon entre le pouce et le premier doigt allongé le long de la monture, les trois autres doigts allongés et joints, le bout du canon à environ cinq centimètres de l'épaule droite, la baguette en avant, le talon de la crosse à côté et contre la pointe du pied droit, l'arme d'aplomb.

32. Lorsque l'instructeur voudra faire reposer dans cette position, il commandera :

REPOS.

33. A ce commandement, les soldats passeront la main droite étendue sur la baguette, et appuieront le bout du canon contre l'épaule droite.

34. Lorsque l'instructeur voudra faire passer les soldats de l'état de repos à celui de l'immobilité, il commandera :

1. *Garde à vous.*

2. PELOTON.

35. Au second commandement, les hommes reprendront la position du soldat reposé sur l'arme.

Portez — VOS ARMES.

Un temps et deux mouvements.

Premier mouvement.

36. Elever vivement l'arme de la main droite, la porter contre l'épaule gauche, en la faisant tourner, pour que le canon se trouve en dehors; placer en même temps la main gauche sous la crosse, et descendre la main droite contre le chien.

Deuxième mouvement.

37. Laisser tomber vivement la main droite à sa position.

Croisez — LA BAIONNETTE

Un temps et deux mouvements.

Premier mouvement.

38. Faire un demi à droite sur le talon gauche, placer en même temps le pied droit en équerre derrière le talon gauche, le milieu du pied vis-à-vis et à huit centimètres du talon; tourner l'arme avec la main gauche, la platine en dessus, et la saisir en même temps à la poignée avec la main droite, l'arme d'aplomb et détachée de l'épaule; laisser la main gauche sous la crosse.

Deuxième mouvement.

39. Abattre l'arme avec la main droite dans la main gauche, qui la saisira un peu en avant de la capucine, le pouce par-

dessus le canon, le coude gauche près du corps, la main droite appuyée contre la hanche droite, la pointe de la baïonnette à hauteur de l'œil ; les hommes du second rang auront attention que la pointe de leur baïonnette ne touche pas leurs chefs de file.

Portez — VOS ARMES.

Un temps et deux mouvements.

Premier mouvement.

40. Tourner sur le talon gauche pour se remettre face en tête, rapporter le talon droit à côté du gauche, redresser en même temps l'arme de la main droite, la porter à l'épaule gauche et placer la main gauche sous la crosse.

Deuxième mouvement.

41. Laisser tomber vivement la main droite à sa position.

CHARGE EN DOUZE TEMPS.

1. *Chargez* — VOS ARMES.

Un temps et quatre mouvements.

Premier mouvement.

42. Faire un demi à droite sur le talon gauche, appuyer en même temps le milieu

du pied droit contre le talon gauche , tourner l'arme avec la main gauche la platine
en dessus et la saisir en même temps à la
poignée avec la main droite, l'arme d'aplomb
et détachée de l'épaule , laisser la main
gauche sous la crosse.

Deuxième mouvement.

43. Abattre l'arme avec la main droite
dans la main gauche , qui viendra en même
temps la saisir à la capucine ; le pouce
allongé le long du bois , la crosse sous
l'avant-bras droit , la poignée du fusil contre le corps à environ sept centimètres
au-dessous du téton droit , le bout du canon
à hauteur de l'œil.

Troisième mouvement.

44. Saisir la crête du chien avec la première phalange du pouce de la main droite,
les autres doigts embrassant la poignée en
arrière de la sous-garde , le coude légèrement levé.

Quatrième mouvement.

45. Faire effort avec le pouce sur la
crete du chien , en rabattant le coude , les
autres doigts servant d'appui; mettre le
chien à l'arme , sans brusquerie, en faisant
sonner distinctement les deux crans de la
noix ; porter la main droite à la poche aux
capsules et l'ouvrir.

2. *Prenez* — LA CAPSULE.

Un temps et un mouvement.

46. Prendre la capsule entre le pouce et l'index, les autres doigts presque fermés, la porter près de la cheminée, les ongles renversés, le coude le long de la crosse.

3. AMORCEZ.

Un temps et un mouvement.

47. Baisser la tête, fixer les yeux sur la cheminée, y placer la capsule, appuyer fortement dessus avec le pouce en travers sur le chien, le premier doigt sur la détente, les autres embrassant la poignée de l'arme et contre la sous-garde.

4. *Couvrez* — LA CAPSULE.

Un temps et un mouvement.

48. Dégager avec le pouce le chien du cran de l'arme, en pressant légèrement la détente avec le premier doigt, conduire le chien à l'abattu en le soutenant de manière à ne pas écraser la capsule, porter le pouce derrière la crête du chien, l'ongle en l'air, les autres doigts presque fermés, la main tombante, l'avant-bras serré le long de la crosse, appuyer avec force sur la crête du chien avec le pouce de la main droite en résistant de la main gauche, saisir ensuite l'arme à la poignée avec la main droite, le coude en arrière et un peu détaché du corps.

5 *L'arme* — A GAUCHE.

Un temps et trois mouvements.

Premier mouvement.

49. Passer l'arme le long de la cuisse gauche, en la redressant près du corps ; à cet effet, appuyer fortement sur la crosse, en étendant vivement le bras droit sans baisser l'épaule droite ; tourner, en même temps la baguette vers le corps, ouvrir la main gauche et laisser glisser l'arme dans cette main jusqu'au-dessous de la grenadière, le coude restant près du corps, le chien portant sur le premier doigt de la main droite, le pouce sur la rosette ; faire en même temps face en tête, en tournant sur le talon gauche, et porter le pied droit en avant, le talon contre le milieu du pied gauche.

Deuxième mouvement.

50. Lâcher le fusil de la main droite, descendre l'arme avec la main gauche le long et près du corps, remonter en même temps la main droite à hauteur et près du bout du canon, les quatre doigts réunis sur la douille de la baïonnette, le pouce sur la baguette ; poser la crosse à terre sans frapper, la main gauche appuyée au corps, l'arme touchant la cuisse gauche, le bout du canon vis-à-vis le milieu du corps.

Troisième mouvement.

51. Passer rapidement la main le long et près du corps pour ouvrir la giberne.

6. *Prenez* — LA CARTOUCHE.

Un temps et un mouvement.

52. Prendre la cartouche entre le pouce et les deux premiers doigts, la porter entre les dents, le coude au corps.

7. *Déchirez* — LA CARTOUCHE.

Un temps et un mouvement.

53. Déchirer la cartouche jusqu'à la poudre, la fermer à l'ouverture avec le pouce et les deux premiers doigts, porter la main droite à hauteur et près du bout du canon.

8. *Cartouche* — DANS LE CANON.

Un temps et un mouvement.

54. Porter l'œil sur le bout du canon, tourner brusquement le dessus de la main droite vers le corps, pour renverser la poudre dans le canon, en élevant le coude à hauteur du poignet. Secouer la cartouche, retourner la main, la paume vers le corps, engager la balle dans le canon, jusqu'à la naissance de l'ogive, déchirer le papier sans la déplacer; achever d'enfoncer la balle en appuyant dessus avec la paume de la main droite, et saisir la baguette avec le pouce et le premier doigt ployés, les autres fermés, le coude abattu.

9. *Tirez* — LA BAGUETTE.

Un temps et trois mouvements.

Premier mouvement.

55. Tirer vivement la baguette, en allongeant le bras de toute sa longueur; la ressaisir par le milieu entre le pouce et le premier doigt, la main renversée, la paume en avant, les ongles en l'air, les yeux suivant le mouvement de la main, dégager la baguette du tenon en allongeant de nouveau le bras.

Deuxième mouvement.

56. Tourner rapidement la baguette entre la baïonnette et le visage, en fermant les doigts, les baguettes des hommes du second rang rasant l'épaulé droite de l'homme qui est immédiatement devant eux dans leur file, la baguette droite et parallèle à la baïonnette, le bras tendu, le gros bout de la baguette vis-à-vis l'embouchure du canon, sans y être engagé, les yeux fixés sur cette embouchure.

Troisième mouvement.

57. Mettre le gros bout de la baguette dans le canon et l'y enfoncer jusqu'à la main.

10. BOURREZ.

Un temps et un mouvement.

58. Remonter la main droite, en étendant le bras pour saisir à pleine main la baguette par son extrémité, achever d'enfoncer la balle jusqu'au fond du canon; saisir ensuite la baguette par le petit bout avec le pouce allongé et le premier doigt ployé, les autres fermés ; assurer la balle dans le fond du canon, en bourrant deux cou s modérés, le coude droit joint au corps.

i1. *Remettez* — LA BAGUETTE.

Un temps et trois mouvements.

Premier mouvement.

59. Tirer vivement la baguette, la ressaisir par le milieu entre le pouce et le premier doigt, la main renversée, la paume de la main en avant, les ongles en l'air, les yeux suivant le mouvement de la main; dégager la baguette du canon en allongeant le bras.

Deuxième mouvement.

60. Tourner rapidement la baguette entre la baïonnette et le visage, en fermant les doigts, les baguettes des hommes du second rang rasant l'épaule droite de l'homme qui est immédiatement devant eux dans leur file, la baguette droite et parallèle à la baïonnette, le bras tendu, le petit bout de la baguette vis-à-vis l'entrée du tenon sans y être engagé, les yeux fixés sur cette entrée.

16

Troisième mouvement.

Engager le petit bout dans le tenon et faire glisser la baguette avec le pouce, qui l'accompagnera jusqu'à la grenadière; remonter vivement la main un peu ployée, mettre le petit doigt sur le gros bout de la baguette, afin d'achever de l'enfoncer, descendre la main gauche le long du canon, en allongeant le bras de toute sa longueur, sans baisser l'épaule.

12. *Portez* — VOS ARMES.

Un temps et trois mouvements.

Premier mouvement.

62. Elever l'arme avec la main gauche le long du corps, la main à hauteur du menton, l'avant-bras joint à l'arme, le canon en dehors; descendre en même temps la main droite pour saisir l'arme au-dessus de la poignée, le premier doigt touchant le chien et le pouce sur la rosette.

Deuxième mouvement.

63. Elever l'arme de la main droite, descendre la main gauche et la porter sous la crosse, reporter le talon droit à côté du gauche et sur le même alignement, appuyer l'arme avec la main droite contre l'épaule, dans la position indiquée pour le port d'armes, la main droite restant à l'arme sans la serrer.

Troisième mouvement.

64. Laisser tomber vivement la main droite le long de la cuisse dans la position prescrite,

Apprêtez — VOS ARMES.

Un temps et quatre mouvements.

POSITION DU PREMIER RANG.

Premier mouvement.

65. Comme le premier mouvement du premier temps de la charge.

Deuxième mouvement.

66. Apporter l'arme avec la main droite au milieu du corps ; placer la main gauche, le petit doigt à deux centimètres environ au-dessus de la platine, le pouce allongé le long du bois à hauteur du menton , la rosette tournée presque vers le corps , la baguette vers le front du bataillon.

Troisième mouvement.

67. Porter le pouce de la main droite sur la crête du chien , le premier doigt au-dessous et contre la sous-garde , les trois autres doigts joints au premier , le coude à hauteur de la main.

Quatrième mouvement.

68. Fermer lentement le coude en appuyant sur la crête du chien avec le pouce de la main droite pour armer, mais progressivement et sans secousse ; saisir l'arme à la poignée, la descendre le long du corps en la laissant glisser jusqu'à la capucine dans la main gauche, qui restera à hauteur de l'épaule.

POSITION DU SECOND RANG.

69. Les quatre mouvements comme ceux du premier rang,

JOUE.

Un temps et un mouvement.

70. Abaisser vivement le bout du canon, la main gauche restant à la capucine ; appuyer la crosse contre l'épaule, le coude gauche abattu, le droit élevé, sans cependant arriver à la hauteur de l'épaule ; fermer l'œil gauche, abaisser la tête sur la crosse pour ajuster, diriger l'œil droit le long du canon, le rayon visuel passant par le cran pratiqué dans la partie supérieure de la hausse et le guidon, et placer le premier doigt sur la détente. Les hommes du second rang porteront en même temps le pied droit à vingt-deux centimètres sur la droite, vers le talon gauche de lhomme qui est à côté d'eux.

FEU.

Un temps et un mouvement.

71. Appuyer avec force le premier doigt sur la détente, sans baisser davantage la tête ni la détourner, et rester dans cette position.

CHARGEZ.

Un temps et trois mouvements.

Premier mouvement.

72. Retirer brusquement l'arme et prendre la position du deuxième mouvement du premier temps de la charge. Le second rang rapportera en même temps le pied droit derrière le gauche.

Deuxième mouvement.

73. Comme le troisième mouvement du premier temps de la charge.

Troisième mouvement.

74. Comme le quatrième mouvement du premier temps de la charge.

Lorsque, après avoir tiré, l'instructeur, au lieu de faire charger les armes, voudra les faire porter, il commandera :

Portez — VOS ARMES.

Un temps et un mouvement.

75. Au commandement de *portez*, prendre la position du deuxième mouvement du premier temps de la charge ; au commandement de *vos armes*, portez vivement les armes, en se remettant face en tête.

Les soldats étant dans la position de joue, lorsque l'instructeur voudra leur faire redresser les armes, il commandera :

Redressez — VOS ARMES.

Un temps et un mouvement.

76. Au commandement de *redressez*, retirer le doigt de dessus la détente ; au commandement de *vos armes*, redresser vivement l'arme et reprendre la position

du quatrième mouvement du temps *apprêtez vos armes*; les soldats étant dans la
position du temps d'apprêtez vos armes, si
l'instructeur veut leur faire porter l'arme,
il commandera :

Portez — VOS ARMES.

77. Au commandement de *portez*, les
deux rangs reviendront face en tête et
rapporteront l'arme au milieu du corps, la
baguette en avant, le pouce de la main
gauche à hauteur du menton, et le petit
doigt à deux centimètres environ au-dessus de la platine ; placer ensuite le pouce
de la main droite sur la crête du chien,
appuyer le premier doigt sur la détente,
soutenir en même temps le chien en le
laissant descendre pour couvrir la capsule,
et saisir l'arme à la poignée avec la main
droite. Au commandement de *vos armes,*
porter vivement l'arme à l'épaule et reprendre la position du port d'arme.

78. Les soldats étant au port d'arme,
lorsque l'instructeur voudra leur faire remettre la baïonnette, il commandera :

Remettez — LA BAÏONNETTE.

Un temps et quatre mouvements.

Premier mouvement.

79. Descendre l'arme en allongeant vivement le bras gauche, la saisir avec la main
droite au-dessus et près de la capucine.

Deuxième mouvement.

80. Descendre l'arme de la main droite

le long de la cuisse gauche, la saisir de la main gauche au-dessus de la droite, le bras droit presque allongé.

Troisième mouvement.

81. Allonger le bras gauche, poser la crosse à terre sans frapper, l'arme touchant la cuisse gauche, le bout du canon vis-à-vis le milieu du corps; porter en même temps la main droite à la baïonnette en la saisissant par la douille et la branche

Quatrième mouvement.

82. Oter la baïonnette et la remettre dans le fourreau. A cet effet, laisser tomber l'arme dans la saignée du bras droit, saisir le fourreau de la baïonnette de la main gauche, baisser la tête, fixer les yeux sur l'entrée du fourreau, y introduire la baïonnette; saisir l'arme de la main gauche, au-dessous de la grenadière pour la replacer le long de la cuisse gauche; porter ensuite le petit doigt de la main droite sur le gros bout de la baguette, les autres doigts ployés et joints, descendre en même temps la main gauche le long du canon en allongeant le bras sans baisser l'épaule.

Portez — VOS ARMES.

83. Comme au douzième temps de la charge.

Baïonnette — AU CANON.

Un temps et quatre mouvements.

Premier et deuxième mouvements.

84. Comme le premier et le deuxième mouvement de remettre la baïonnette.

Troisième mouvement.

85. Allonger le bras gauche, poser la crosse à terre sans frapper, laisser tomber l'arme dans la saignée du bras droit; saisir le fourreau de la baïonnette de la main gauche et porter la main droite à la baïonnette, de manière que l'extrémité de la douille dépasse le talon de la main de deux centimètres, et qu'en la tirant le pouce s'allonge snr la lame.

Quatrième mouvement.

86. Arracher la baïonnette du fourreau, ressaisir l'arme de la main gauche au-dessous de la grenadière pour la replacer le long de la cuisse gauche, comme au troisième mouvement; porter la baïonnette et la fixer au bout du canon, placer ensuite le petit doigt de la main droite sur le gros bout de la baguette, les autres doigts ployés et joints; descendre la main gauche le long du canon, en allongeant le bras sans baisser l'épaule.

Portez — VOS ARMES.

87. Comme au douzième temps de la charge.

L'arme sur l'épaule — DROITE.

Un temps et un mouvement.

88. Tourner l'arme avec la main gauche, la platine en dessus; la saisir en même temps avec la main droite à la poignée, la porter sur l'épaule droite, la main gauche ne quittant pas la crosse, le chien en des—

sus, le bout du canon en l'air; contenir l'arme dans cette position, en plaçant la main droite sur le plat de la crosse, de manière que le bec se trouve entre les deux premiers doigts, et que les autres doigts soient sous la crosse, laisser tomber la main gauche dans le rang; si les hommes étaient l'arme au bras, on pourrait, dans cette position, faire porter l'arme sur l'épaule droite par le même commandement. Le soldat exécuterait alors les deux premiers mouvements prescrits aux numéros 22 et 23, et aussitôt après ce qui est indiqué ci-dessus.

Portez — VOS ARMES.

89. Redresser l'arme en allongeant le bras droit, la saisir avec la main gauche au-dessus de la platine, la rapporter contre l'épaule gauche, en tournant le canon en dehors; la main droite étant à la poignée, placer la main gauche sous la crosse, et laisser tomber la main droite dans le rang.

L'arme — A VOLONTÉ.

Un temps et un mouvement.

90. Porter l'arme indifféremment sur l'une ou l'autre épaule, d'une ou de deux mains, l'extrémité du canon en l'air.

Portez — VOS ARMES.

91. Reprendre vivement la position du port d'arme.

OBSERVATIONS RELATIVES AU MANIEMENT DES ARMES.

92. Le maniement des armes déforme souvent chez les hommes de recrue la position du corps quand elle n'est pas encore parfaitement assurée. Il est donc nécessaire que l'instructeur les ramène souvent à la régularité de la position et du port d'arme dans le cours des leçons.

93. Les hommes de recrue sont aussi fort sujets à creuser les reins et à renverser le corps, surtout au premier temps de la charge, lorsqu'on les y tient trop long-temps; aussi l'instructeur doit éviter de trop les arrêter dans cette position.

TROISIÈME LEÇON.

CHARGE EN QUATRE TEMPS.

94. L'objet de cette charge est de préparer les soldats à la charge à volonté et de leur faire distinguer les temps qui exigent le plus de régularité et d'attention, tels que ceux d'amorcer, de mettre la cartouche dans le canon et de bourrer; cette charge sera divisée ainsi qu'il suit :

95. Le premier temps s'exécutera à la fin du commandement, les trois autres au commandement de *deux*, *trois* et *quatre*.

96. L'instructeur commandera :

1. *Charge en quatre temps.*

2. *Chargez* — VOS ARMES.

97. Exécuter le premier temps de la

charge, prendre la capsule, amorcer, couvrir la capsule, saisir l'arme à la poignée.

Deux.

98. Passer l'arme à gauche, prendre la cartouche, la déchirer, la mettre dans le canon, la secouer et l'enfoncer; saisir la baguette par le gros bout.

Trois.

99. Tirer la baguette, la faire entrer dans le canon jusqu'à la main, et bourrer deux coups.

Quatre.

100. Remettre la baguette et porter l'arme.

CHARGE A VOLONTÉ.

101. L'instructeur enseignera ensuite la charge à volonté, qui s'exécutera comme la charge en quatre temps, mais de suite et sans s'arrêter sur aucun temps; l'instructeur commandera :

1. *Charge à volonté.*
2. *Chargez.* — VOS ARMES.

OBSERVATIONS RELATIVES AUX CHARGES.

102. L'instructeur observera que les soldats qui, sans se presser en apparence, chargent avec calme et sang-froid, sont ceux qui chargent le mieux et le plus promptement, parce qu'ils tournent la baguette sans accrocher celles des hommes qui sont à côté ou devant eux; qu'ils ne manquent ni l'embouchure du canon, ni celle du tenon ; qu'ils bourrent mieux et ne laissent pas tomber les cartouches en les prenant dans la giberne, objets essentiels auxquels l'instructeur obligera les soldats à donner la plus grande attention.

103. L'instructeur exigera de la régularité dans l'exécution des temps et dans les positions, sans quoi les soldats se gèneraient et s'embarrasseraient réciproquement ; il les habituera progressivement à charger leurs armes le plus promptement possible, sans se régler sur leurs voisins et surtout sans les attendre.

104. La cadence prescrite au no 10 n'est pas applicable aux mouvements dont se composent la charge en quatre temps et la charge à volonté.

QUATRIÈME LEÇON.

FEUX.

105. Les feux seront directs ou obliques, et s'exécuteront ainsi qu'il va être expliqué.

FEU DIRECT.

106 L'instructeur fera les commandements suivants :

1. *Feu de peloton.*
2. *Peloton.*
3. ARMES.
4. JOUE.
5. FEU.
6. CHARGEZ.

107. Ces divers commandements seront exécutés comme il a été prescrit au maniement des armes. Après le sixième commandement, les hommes chargeront leurs armes et les porteront.

FEUX OBLIQUES.

108. Les feux obliques s'exécuteront à droite et à gauche et par les mêmes commandements que le feu direct : avec cette différence que le commandement de *joue* sera précédé chaque fois par le commandement de *oblique à droite* ou *oblique à gauche*, qui sera fait après celui d'*arm·s*.

POSITION DES DEUX RANGS DANS LES FEUX OBLIQUES A DROITE·

109. Au commandement d'*armes*, les deux rangs exécuteront ce qui leur a été prescrit pour le feu direct.

110. Au commandement d'avertissement de *oblique à droite,* les deux rangs effaceront l'épaule droite et regarderont fixement l'objet sur lequel ils doivent tirer. Dans cette position le second rang sera prêt à mettre en joue dans le même créneau que dans le feu direct, quoique dans une direction oblique.

111. Au commandement de *joue,* le premier rang dirigera le bout du canon à droite sans déranger les pieds; le second rang avancera le pied gauche d'environ seize centimètres vers la pointe du pied

droit de l'homme du premier rang de sa file
portera le haut du corps en avant en ployan
un peu le genou gauche et dirigera le bout
du canon à droite.

112. Au commandement de *chargez*, les
deux rangs reprendront la position qui leur
a été prescrite dans le feu direct, le second rang rapportera le talon gauche vis-
à-vis le milieu du pied droit en retirant
l'arme.

POSITION DES DEUX RANGS DANS LES FEUX OBLIQUES A GAUCHE.

113. Au commandement d'*armes*, les deux
rangs exécuteront ce qui leur a été prescrit
dans le feu direct.

114. Au commandement d'avertissement
de *oblique à gauche*, les deux rangs effaceront l'épaule gauche et regarderont fixement l'objet sur lequel ils doivent tirer.
Dans cette position, les hommes de second
rang seront prêts à mettre en joue dans le
créneau à gauche de leurs chefs de file, et
dans une direction oblique.

115. Au commandement de *joue*, le premier rang dirigera le bout du canon à gauche sans déranger les pieds, les hommes
du second rang mettront en joue dans le
créneau à gauche de leur chef de file ; chaque homme de ce rang avancera le pied
gauche d'environ seize centimètres vers le
talon droit de l'homme du premier rang de
sa file, portera le haut du corps en avant

en ployant un peu le genou gauche, et en dirigeant le bout du canon à gauche.

116. Au commandement de *chargez*, les deux rangs retireront leurs armes dans la position oblique où elles se trouvent, et amorceront dans cette position. Le second rang rapportera le talon gauche vis-à-vis et contre le milieu du pied droit. En passant l'arme à gauche, les deux rangs prendront la même position que dans le feu direct.

FEU DE DEUX RANGS.

118. Le feu de deux rangs s'exécutera par les deux rangs, dont les files tireront successivement, sans se régler les unes sur les autres, excepté pour le premier feu.

119. L'instructeur fera les commandements suivants :

1. *Feux de deux rangs.*
2. *Peloton.*
3. Armes.
4. Commencez le feu.

120. Au troisième commandement, les deux rangs prendront la position prescrite par les feux de peloton directs et armeront.

121. Au quatrième commandement, l'homme de droite du premier rang et celui du second rang mettront en joue ensemble et feront feu. Celui du second rang en mettant en joue portera le pied droit à vingt-deux centimètres sur la droite, vers le ta-

lon gauche de l'homme qui est à côté de lui, et fera feu dans cette position.

122. Après avoir fait feu, ils retireront vivement leurs armes, les chargeront et tireront de nouveau sans s'attendre, puis rechargeront, feront feu, et ainsi de suite.

123. La deuxième file mettra en joue à son tour au moment où la première file retirera ses armes, fera feu et se conformera à ce qui vient d'être prescrit pour la première file.

124. Après le premier feu, l'homme du premier et celui du second rang ne s'astreindront plus à mettre en joue en même temps.

125. Les deux rangs feront toujours face en tête en passant l'arme à gauche. Après avoir remis la baguette, ils prendront vivement la position du deuxième mouvement du temps d'*apprêtez vos armes*, n° **66**; à cet effet, chaque homme ayant remis la baguette élèvera vivement son arme de la main gauche, la faisant glisser dans cette main qui se placera à deux centimètres au-dessus de la platine à hauteur du menton, la rosette tournée presque vers le corps, en même temps qu'il fera un demi à droite pour revenir à la position prescrite, et que le pouce de la main droite se placera sur la crête du chien pour armer, le premier doigt au-dessous et contre la sous-garde. Après avoir armé, les deux rangs prendront la position indiquée au n° **68**.

LIMOGES. — TYP. BARBOU FRERES.

www.ingramcontent.com/pod-product-compliance
Ingram Content Group UK Ltd.
Pitfield, Milton Keynes, MK11 3LW, UK
UKHW020136130726
13696UKWH00001B/377

9 782019 175368